Allitera Verlag

AF010088

Jens-Uwe Martens

Lernen in der betrieblichen Weiterbildung

dargestellt an lerntheoretisch basierten Praxisprojekten

Allitera Verlag

Inaugural-Dissertation
zur Erlangung des Doktorgrades
der Philosophie an der Ludwig-Maximilians-Universität
München

vorgelegt von

Jens-Uwe Martens
Betreuer: Prof. Dr. Heinz Mandl

München, April 2011

Oktober 2011
Allitera Verlag
Ein Verlag der Buch&media GmbH, München
© 2011 Buch&media GmbH, München
Umschlaggestaltung: Kay Fretwurst, Freienbrink
Umschlagfoto: © detailblick - Fotolia.com
Herstellung: Books on demand, Norderstedt
Printed in Germany
ISBN 978-3-86906-220-4

Inhalt

Lernen in der betrieblichen Weiterbildung dargestellt an lerntheoretisch basierten Praxisprojekten

Präambel 9

1. Einleitung: Die besondere Situation des Lernens in der betrieblichen Weiterbildung
1.1 Lernen in der betrieblichen Praxis 11
1.2 Das Problem der Messung von Aufwand und Ertrag in der betrieblichen Bildung 14
1.3 Definition von Evaluation: 16

2. Gestaltung von Lernumgebungen in der Weiterbildung
2.1 Übersicht 20
    2.1.1 Aspekte der Lernumgebung 20
    2.1.2 Die Gliederung dieser Arbeit nach Lernumgebungen 21
    2.1.3 Die praktische Umsetzung der Konzepte 22
        2.1.3.1 Lernzielanalyse: 22
        2.1.3.2 Adressatenanalyse: 23
        2.1.3.3 Konzeption: Anpassung der Trainingsmaßnahmen an Einsatzbedingungen und Lernumgebungen: 23
        2.1.3.4 Realisierung des Konzeptes: 24
        2.1.3.5 Möglichkeiten und Probleme der Erfolgskontrolle bzw. Evaluation der Trainingsmaßnahmen in der Praxis: 24
        2.1.3.6 Transfer: 24
2.2 Gestaltpsychologisch orientierte Lernumgebungen 25
    2.2.1 Die Methode der Programmierten Unterweisung 25
    2.2.2 Die Grundsätze der Gestaltpsychologie und ihre Anwendung auf das Problemlösen und Lernen 25
    2.2.3 Einsatz der Gestaltpsychologie in der Programmierten Unterweisung 27
        2.2.3.1 Das theoretische Konzept der Anwendung gestaltpsychologischer Lerntheorien in der Programmierten Unterweisung 27
        2.2.3.2 Der Vergleich zweier Gestaltungsformen der PU (Forschungsstudie im Auftrag der VW-Stiftung) 29
        2.2.3.3 Praktische Umsetzung der neu entwickelten Methode. 31
        2.2.3.4 Folgerungen für die betriebliche Weiterbildung. 32

2.3	Medienbasierte Lernumgebungen	33
2.3.1	Die Entwicklung der technischen Medien und ihr Einsatz in der betrieblichen Weiterbildung	34
2.3.2	Der Versuch einer rationalen, direkten Zuordnung von Lernzielen und Medien / Methoden	41
2.3.3	Die Entwicklung komplexer mediengestützter Lehrsysteme	46
2.3.4	Entwicklung von Lehrsystemen im Medienverbund für die Allianz und andere Firmen	49
2.3.5	Das Konzept des Medienverbundes und die Folgerungen für die betriebliche Weiterbildung.	56
2.4	**Emotionsbasierte Lernumgebungen**	57
2.4.1	Der Begriff der Emotionen	58
2.4.2	Die Bedeutung der Emotionen allgemein und der affektiven Lernziele im Besonderen in der betrieblichen Weiterbildung	61
2.4.2.1	Die Schwierigkeiten der begrifflichen Präzisierung von Emotionen und ihre eingeschränkte Wissenschaftlichkeit	61
2.4.2.2	Die Bedeutung der Emotionen beim Lernen	64
2.4.2.3	Das Auftauchen des Begriffs »affektive Lernziele«	65
2.4.3	Die affektiven Lernziele in der Pädagogik	66
2.4.3.1	Affektive Lernziele werden von der Pädagogik weitgehend ignoriert	66
2.4.3.2	Warum spielen bis heute die affektiven Lernziele in der Pädagogik eine untergeordnete Rolle?	68
2.4.3.3	Die Bedeutung affektiver Lernziele in der betrieblichen Aus- und Weiterbildung	71
2.4.4	Der Versuch der Entwicklung einer Didaktik affektiver Lernziele	73
2.4.4.1	Der Ansatz von Gagné	73
2.4.4.2	Die Unterscheidung unterschiedlicher Lernprozesse bei der Vermittlung affektiver Lernziele	75
2.4.4.3	Die Unterschiede zwischen affektivem und kognitivem Lernen	84
2.4.5	Das Konzept der Verhaltenssteuerung durch Wertung	86
2.4.5.1	Definitionsversuche von Werten und Abgrenzung gegenüber Einstellungen	88
2.4.5.2	Die Steuerung des Verhaltens durch Einstellungen bzw. Werte	91
2.4.5.3	Anwendung der schematischen Darstellung auf ein Beispiel:	95

2.4.6	Vermittlung affektiver Lernziele in der Praxis	97
2.4.6.1	Vermittlung affektiver Lernziele am Beispiel der Anti-Raucher-Broschüre »Spielen Sie mit!«:	98
2.4.6.2	Am Beispiel der Vermittlung von Lernzielen innerhalb des ALM.	100
2.4.6.3	.Am Beispiel des Multimediaprogrammes »Der persönliche Berater«	105
2.4.6.4	Fazit zu den Überlegungen und Erfahrungen zum Thema emotionsbasierte Lernumgebungen:	111
2.4.7	Die PSI-Theorie von Kuhl und ihre Bedeutung für die Fundierung affektiver Lernziele	112
2.4.8	Die neueren Erkenntnisse der Hirnforschung und ihre Bedeutung für die Vermittlung affektiver Lernziele	119
2.4.9	Literatur des Autors zu den emotionsbasierten Lernumgebungen:	125

3. Kritische Würdigung und Erkenntnisgewinn (Zusammenfassung)

3.1	Die Empfehlung der Umsetzung Gestaltpsychologie in die Praxis	127
3.2	Vor- und Nachteile des Einsatzes von technischen Medien in der Praxis des Lehrens und Lernens	128
3.3	Die Bedeutung und die Problematik der Vermittlung affektiver Lernziele	128
3.4	Schlussbemerkung:	129

Literaturverzeichnis		131
Anhang: Verzeichnis der Abbildungen und Tabellen:		141
	Ausgewählte Bücher, Fachaufsätze, Projekte und Seminarprogramme des Autors in chronologischer Reihenfolge	142
1.	Bücher, die das Konzept theoretisch und praktisch darstellen und untermauern:	142
2.	Ausgewählte Fachaufsätze:	143
3.	Ausgewählte Beispiele für die praktische Anwendung des Konzeptes:	144
4.	Seminare, die Vermittlung des Konzeptes an Studenten und Praktikern (Multiplikatoren):	145

Lernen in der betrieblichen Weiterbildung dargestellt an lerntheoretisch basierten Praxisprojekten

Präambel

Im Folgenden werden die Probleme, theoretischen Grundlagen, die daraus abgeleiteten Hypothesen, sowie die empirischen Ergebnisse und damit der Erkenntnisgewinn von vierzig Jahren Praxis in der betrieblichen Aus- und Weiterbildung dargestellt. Der Autor war von 1967 – 2006 Inhaber und Leiter eines privatwirtschaftlichen Instituts und einer GmbH, die Lehrsysteme für große Firmen, meist börsennotierte Aktiengesellschaften entwickelt haben. Die theoretischen Grundlagen dieser praktischen Arbeit hat er in einem Lehrauftrag an der LMU und in einer Reihe von Büchern und Fachaufsätzen beschrieben. Hier werden unter theoretischen Perspektiven wichtige Projekte und Untersuchungen sowie deren Ergebnisse dargestellt.

Der Autor hat sich sein ganzes berufliches Leben lang zwischen Wissenschaft (Lehrauftrag, wissenschaftliche Publikationen) und Praxis (Entwicklung von Trainingskonzepten und Medien für die Aus- und Weiterbildung in Industrie und Wirtschaft, Durchführung von Schulungsmaßnahmen) bewegt und immer wieder versucht, durch Umsetzung theoretischer Konzepte der pädagogischen Psychologie, der Lernpsychologie und angrenzender Wissenschaften, wirksame Neuerungen in die praktische, betriebliche Weiterbildung einzuführen. Im Mittelpunkt stand dabei der emotionale Bereich, d.h. die Vermittlung »affektiver Lernziele«.

1. Einleitung: Die besondere Situation des Lernens in der betrieblichen Weiterbildung

1.1 Lernen in der betrieblichen Praxis

Das Erfahrungsfeld des Autors:
Im Gegensatz zum Lernen in der Schule und in weiten Teilen der Universität ist das Lernen in der betrieblichen Praxis nicht in erster Linie auf Wissensvermittlung bei den Lernenden ausgerichtet. Die Initiatoren der Trainingsmaßnahmen erwarten sich vielmehr durch den Lernprozess konkrete Veränderungen, besser gesagt: Verbesserungen in der betrieblichen Praxis. Betriebliches Lernen hat in der weit überwiegenden Mehrzahl der Fälle konkrete, betriebswirtschaftliche Ergebnisse – meist Umsatzsteigerungen oder Rentabilitätsverbesserungen – zum Ziel, die durch eine Veränderung des Verhaltens der Lernenden erreicht werden sollen. Auch Weidenmann (1997) weist darauf hin dass betriebliche Bildungsmaßnahmen stärker als solche in der Schule Rentabilitäts- und Effektivitätsüberlegungen unterworfen sind. So gesehen wird Bildung zu einer der Produktivkräfte der Unternehmen neben Boden, Kapital und Arbeit.

Zur näheren begrifflichen Präzisierung der betrieblichen Weiterbildung kann man sie als einen Teilbereich, eines von mehreren Feldern der Erwachsenenbildung betrachten. Prenzel, Mandl & Reimann-Rothmeier (1997, S. 3) zitieren bei der Definition von Erwachsenenbildung Siebert (1991, S. 629): »Erwachsenenbildung ist die Fortsetzung oder Wiederaufnahme des organisierten Lernens nach einer schulischen und beruflichen Erstausbildung, wobei diese Erwachsenenbildung meist während oder nach einer Berufstätigkeit stattfindet.« Diese Definition schließt z. B. universitäres Lernen ebenso wie inzidentelles Lernen aus. Das erscheint u. U. willkürlich, die Einengung trifft aber genau das Feld der Erfahrungen des Autors. Er hat sich sein ganzes berufliches Leben (mit ganz geringen Ausnahmen) mit organisiertem Lernen Erwachsener beschäftigt, die bereits im Beruf stehen.

Wenn man ein ebenfalls bei Prenzel u. a. (1997) zitiertes Schema von Weinberg (1990, S. 37) zugrunde legt, dann kann man das Erfahrungsfeld des Autors noch weiter einengen:

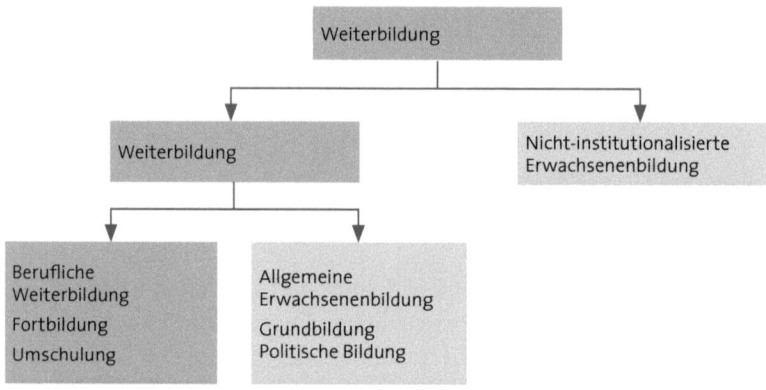

Abb. 1: Bereiche der Erwachsenenbildung

Das Erfahrungsfeld des Autors ist durch den äußersten linken Zweig des Schemas (dick umrandet) bestimmt, d. h., dass er nur in den Bereichen beruflicher Weiterbildung, Fortbildung und Umschulung einschlägige Praxiserfahrungen gesammelt hat. Diese Bereiche der Weiterbildung sind vor allem durch bestimmte äußere Bedingungen gekennzeichnet, wie z. B. die Tatsache, dass die Weiterbildung in der Regel von den Firmen bezahlt wird, für die die Lernenden arbeiten und dass die Adressaten damit rechnen müssen, dass über ihr Verhalten beim Lernen ihrem Vorgesetzten berichtet werden könnte und damit u. U. Einfluss auf die berufliche Entwicklung haben wird. Erkenntnisse, die in diesem Erfahrungsfeld gesammelt wurden, müssen daher vor einer Verallgemeinerung daraufhin überprüft werden, ob sie von diesen besonderen Bedingungen abhängig oder durch sie beeinflusst sind.

Die Bedeutung der betrieblichen Weiterbildung oder von Lernen allgemein:
Menschen sind lernende Wesen. Das angeborene Verhaltensrepertoire reicht bei weitem nicht aus, um in dem Leben zu bestehen. Das gilt für die Menschen in einem Betrieb ebenso, wie für den einzelnen Menschen oder Gruppierungen außerhalb des Betriebes. Wirksame Formen des Lernens sind eine wichtige Voraussetzung für das Überleben des Einzelnen sowie eine Frage des Bestehens im Wettbewerb der Betriebe (sowie der Völker) untereinander. Je effektiver das Lernen praktiziert wird,

desto eher ergeben sich Wettbewerbsvorteile für den Einzelnen oder die Gruppe. »Im Wissen und ständigen Neulernen der Mitarbeiter und Mitarbeiterinnen wird heute ein entscheidender Faktor für den wirtschaftlichen Erfolg von Unternehmen gesehen.« (Greif & Kluge, 2004) Dabei bezieht sich die Effektivität des Lernens nicht primär auf das Lernen selbst, auf den Lernerfolg im engeren Sinn, den man z. B. durch Abfragen des Gelernten feststellen kann, sondern auf die Anwendbarkeit des Gelernten in der Praxis und die sich daraus ergebende Leistung.

Auch Wilke sieht Wissen in Unternehmen als eine Produktivkraft: »Organsierte Wissensarbeit nutzt den Prozess des Organisierens, um Wissen zu einer Produktivkraft zu entfalten, die gegenwärtig dabei ist, die herkömmlichen Produktivkräfte (Land, Arbeit, Kapital) in ihrer Bedeutung zu überflügeln.« (Willke, 1998, S. 5, zitiert nach Greif & Kluge, 2004).

Entsprechend dieser Überlegungen hat der Anteil der Bevölkerung, der nach der Ausbildung an beruflichen Bildungsmaßnahmen teilnimmt, in den letzten Jahren stark zugenommen, wobei er 1997 einen vorläufigen Höhepunkt erreicht hat (vbw – Vereinigung der Bayerischen Wirtschaft e. V., 2011, S.162f). Die Weiterbildungsbeteiligung der Bevölkerung von 19 – 64 Jahren hat 1997 ca. 48 % erreicht und sich seitdem auf etwas über 40% eigependelt. Nach vorläufigen Zahlen der Bundesagentur für Arbeit haben im Kalenderjahr 2007 49.322 junge Menschen eine Berufsausbildung in einer außerbetrieblichen Einrichtung begonnen (Berufsbildungsbericht 2008).

Weiterbildung als Teil der Personalentwicklung:
Das Lernen im Betrieb wird im Allgemeinen als eine der Aufgaben der Personalentwicklung angesehen, wobei die Personalentwicklung nicht nur in geplanten und systematischen (»Bildungs«-) Maßnahmen ein Mittel zur Veränderung und persönlichkeitsförderlichen Weiterentwicklung des Mitarbeiters sieht, sondern auch in der Arbeitstätigkeit selbst mit ihrer jeweils spezifischen Struktur (Sonntag, 2004). Damit gehört z. B. die lernförderliche Gestaltung der Arbeitssituation zu den Maßnahmen der Personalentwicklung. Allerdings steht die Förderung der Gesamtpersönlichkeit des in einer Organisation tätigen Menschen im Vordergrund. Zur Operationalisierung und Klassifizierung wird die Handlungskompetenz, auf die sich die Personalentwicklung richtet, in Fach-, Methoden-, Sozial- und Personal- bzw. Selbstkompetenz unterschieden (vgl. Sonntag & Schäfer-Rauser, 1993).

Sonntag (2004) beschreibt die einzelnen Kompetenzen wir folgt:
- Fachkompetenz wird vor allem die zur Bewältigung von Aufgaben einer beruflichen Tätigkeit erforderlichen spezifischen Kenntnisse, Fertigkeiten und Fähigkeiten genannt;
- Methodenkompetenz bezieht sich auf situationsübergreifende, flexibel einsetzbare kognitive Fähigkeiten (z. B. zur Problemlösung oder Entscheidungsfindung), die eine Person zur selbständigen Bewältigung komplexer und neuartiger Aufgaben befähigen;
- Sozialkompetenz umfasst kommunikative und kooperative Verhaltensweisen oder Fähigkeiten, die das Realisieren von Zielen in sozialen Interaktionssituationen erlauben;
- Selbst- oder Personalkompetenz schließlich bezieht sich am deutlichsten auf persönlichkeitsbezogene Dispositionen, die sich in Einstellungen, Werthaltungen, Bedürfnissen und Motiven äußern und vor allem die motivationale und emotionale Steuerung des beruflichen Handelns betreffen.

Somit gehört nach Sonntag die Entwicklung des emotionalen Bereichs der Adressaten (und damit die Vermittlung »affektiver Lernziele«) zur Personalentwicklung. Selbst dann, wenn Personalentwicklung auf Training begrenzt wird, wie das in der Definition von Goldstein und Gessner (1988) der Fall ist[1] wird der Bereich der Einstellungen und damit der emotionale Bereich mit einbezogen. Die Untersuchungen, die der Autor bei den von ihm entwickelten Projekten gemacht hat, zeigen, dass dieser Bereich eine herausragende Rolle spielt, wenn es darum geht, Verhaltensänderungen und damit für das Unternehmen spürbare Ergebnisverbesserungen zu erreichen. In der vorliegenden Arbeit wird daher die Vermittlung von Einstellungen bzw. von affektiven Lernzielen allgemein einen wesentlichen Teil der Betrachtungen darstellen (s. 2.4 »emotionsbasierte Lernumgebungen«).

1.2 Das Problem der Messung von Aufwand und Ertrag in der betrieblichen Bildung

Erfolgreiches Lernen in der betrieblichen Aus- und Weiterbildung:
Was ist erfolgreiches Lernen in der betrieblichen Praxis? Wenn man von den oben angeführten Erwartungen ausgeht, so steht fest, dass eine Trai-

---

[1] Goldstein & Gessner (1988) definieren Personalentwicklung als die systematische Aneignung von Fertigkeiten, Regeln, Konzepten oder Einstellungen.

ningsmaßnahme nur dann erfolgreich ist, wenn sie bei den Lernenden zu einer (beobachtbaren) Verhaltensänderung geführt hat. Wenn nur »träges Wissen« (Whitehead[2], 1929; Gruber, Mandl & Renkl, 1999) vermittelt wurde, das man vielleicht noch in einem Test unmittelbar nach der Maßnahme abfragen kann, das aber in der Praxis zu keiner Verhaltensveränderung führt und damit keine Ergebnisse zeigt (wie das bei vielen »Lernvorgängen« in der Schule, der Universität und der betrieblichen Weiterbildung der Fall ist), dann hat – wenn man Lernen als Verhaltensänderung definiert und die »Verhaltensänderung« bei einem Test außer Acht lässt – kein Lernen stattgefunden.

Im Bereich der betrieblichen Aus- und Weiterbildung ist das Lernen – wie schon erwähnt – nicht nur immer auf eine Verhaltensveränderung ausgerichtet, sondern man will mit dem Lernen ein Ergebnis erzielen, eine Leistung erreichen, man strebt einen steigenden Umsatz, geringere Fluktuation oder ähnliche in Geld messbare Vorteile an. Diese finanziellen Ergebnisse werden in der Regel (häufig allerdings nur überschlägig, weil präzise Daten fehlen) mit dem Aufwand verglichen, der mit dem Lernen verbunden war, um so die Investition in die Weiterbildung zu rechtfertigen.

Schon bei der Planung einer betrieblichen Bildungsmaßnahme spielen diese Überlegungen eine entscheidende Rolle. Man versucht abzuschätzen, welche Vorteile man von der geplanten Bildungsmaßnahme zu erwarten hat und bestimmt einen diesen Vorteilen entsprechenden finanziellen Etat, der der Planung der Maßnahme zugrunde gelegt wird. Allerdings werden zu den positiven Auswirkungen einer betrieblichen Bildungsmaßnahme nicht nur die Ergebnisse gerechnet, die durch die Verhaltensänderung der Adressaten zu erwarten sind, sondern man rechnet auch einen u. U. möglichen Imagegewinn hinzu, den die Firma durch ihre Bildungsmaßnahme erreichen kann, der sich z. B. in einer größeren Zahl von Stellenbewerbern u. U. sogar in einem höheren Umsatz niederschlägt.

Einen guten Überblick über den Stand der Diskussion zum Thema *Evaluation* in den 80er Jahren bietet die Sammlung von Beiträgen in dem Buch von Will, Winteler & Krapp (1987) mit Beiträgen einer Tagung, an der sowohl Wissenschaftler als auch wissenschaftsnahe Praktiker beigetragen haben.

---

[2] Whitehead war laut Wikipedia der Erste, der träges Wissen (inert knowledge) beschrieben hat: »[T]heoretical ideas should always find important applications within the pupil's curriculum. This is not an easy doctrine to apply, but a very hard one. It contains within itself the problem of keeping knowledge alive, of preventing it from becoming inert, which is the central problem of all education.«

1.3 Definition von Evaluation:

Unter Evaluation wird hier nach Rossi, Lipsey & Freeman (2003) zitiert nach Wottawa (2006) folgendes verstanden:
»Evaluation ist die systematische Anwendung sozialwissenschaftlicher Forschungsmethoden zur Beurteilung des Konzepts, des Designs, der Umsetzung und des Nutzens sozialer Interventionsprogramme.«

Entsprechend dieser Definition ist Evaluation der umfassendere Begriff gegenüber dem Begriff »Erfolgskontrolle«, mit dem nur der unmittelbare Erfolg der Bildungsmaßnahme gemeint ist.

Die Vernachlässigung der systematischen Erfolgskontrolle in der betrieblichen Bildung:

Der Vergleich von Aufwand und Ertrag ist in der betrieblichen Aus- und Weiterbildung das Ideal, dem selten völlig entsprochen wird. »Bisher wird allerdings noch sehr wenig in die Evaluation investiert« stellen auch Greif & Kluge (2004, S. 807) fest. Auch Eichberger (1990) kritisiert, dass Millionen für die berufliche Weiterbildung ausgegeben werden (laut BMBF 2006: 41,4 Milliarden Euro d. h. ca. 1.500 Euro pro Mitarbeiter)[3], aber nur Pfennige für die Evaluation und Sonntag (2004, S. 836) stellt fest, dass die Evaluation der implementierten Maßnahmen mit Hilfe systematisch angewandter wissenschaftlicher Techniken in der betrieblichen Praxis, aber auch in vielen Trainingsstudien »leider noch immer wohlwollend vernachlässigt« werden.

In der betrieblichen Bildung werden noch am häufigsten Fragebögen und hin und wieder Tests zur nachträglichen Bewertung von Seminaren und anderen Maßnahmen eigesetzt. »Im Allgemeinen ist dieses gebräuchliche Instrument (bzw. diese Instrumente) aber nicht geeignet, *strukturelle* Veränderungen in den handlungssteuernden Kognitionen der Teilnehmer aufzuzeigen, die aber gerade die notwendige, wenn auch nicht einzige Bedingung für die letztlich angestrebte Verhaltensänderung sind.« (Wottawa & Hof, 1987)

---

[3] In einer Untersuchung des Bundesinstitut für Berufsbildung von 2005 wurde festgestellt, dass pro Teilnehmer an beruflicher Weiterbildung Kosten in Höhe von 723 € (586 € direkte und 137 indirekte Kosten, z. B. Einkommensverlust) anfallen. Etwa dieser Kosten übernehmen Arbeitgeber oder Arbeitsamt. Es verbleiben 502 € Kosten für die Teilnehmer, was einer Gesamtsumme über alle Teilnehmer von 13,8 Milliarden entspricht, das entspricht etwa einem Drittel der Gesamtausgaben für berufliche Weiterbildung von 41,4 Milliarden. (BMBF, 2006).

Viele Weiterbildungsverantwortliche in den Betrieben sind offensichtlich selbst nicht so sehr von dem messbaren Erfolg der von ihnen initiierten Maßnahmen überzeugt und scheuen daher eine umfangreiche empirische Evaluation ihrer Maßnahmen. Man argumentiert damit, dass sich nicht alle Ergebnisse einer Bildungsmaßnahme messen lassen, oder der Aufwand für eine gründliche Evaluation zu hoch sei und vermeidet so Misserfolgserlebnisse. Für diese Interpretation spricht, dass z. B. in der Allianz bis in die 90er Jahre noch nicht einmal die Kosten der Aus- und Weiterbildung im Vertrieb exakt erhoben wurden und so der Aufwand, den die einzelnen Zweigniederlassungen in die Aus- und Weiterbildung investierten, nicht verglichen werden konnte. Die Ausbildungsverantwortlichen haben erfolgreich und mit fadenscheinigen Argumenten eine exakte Erfassung der Kosten und damit ein effektives Bildungscontrolling verhindert.[4]

Das Argument, dass sich die Ergebnisse einer Bildungsmaßnahme nur schwer und der finanzielle Nutzen von Lernergebnissen nicht genau erfassen lassen, ist sicher richtig, gilt aber in ähnlicher Weise für viele Bereiche, in denen Betriebe investieren und in denen Kosten-Nutzen-Vergleiche selbstverständlich sind, wie z. B. in der Werbung.[5]

Es gibt jedoch in der betrieblichen Aus- und Weiterbildung durchaus Fälle, in denen eine Kosteneinsparung oder ein höherer Umsatz und damit mehr Gewinn nicht im Vordergrund stehen, in denen also keine Leistung angestrebt wird. Es werden z. T. Schulungen durchgeführt, bei denen die Tatsache alleine, dass solche Trainings veranstaltet werden, zu einer Imageverbesserung führen soll. Das war z. B. vor einigen Jahren der Fall, als nach dem Bekanntwerden von Bestechungsvorkommen, Insiderhandel oder Geldwäsche bei Banken die betroffenen Firmen Trainings zur Verbesserung der Compliance durchgeführt haben. Aber solche Fälle sind zumindest in der Praxis des Autors in den letzten Jahrzehnten eher die Ausnahme.

---

[4] Unter Bildungscontrolling wird die Erhebung und Analyse von Informationen zur Planung und Steuerung der Bildungsmaßnahmen und anderer Investitionen im Bildungsbereich verstanden. Landsberg & Weiß, 1995; Wankenhut, 1996.

[5] Zu den Widerständen gegenüber Evaluationsmaßnahmen in der betrieblichen Aus- und Weiterbildung s. a. Zuschlag, 1987.

Einleitung: Die besondere Situation des Lernens in der betrieblichen Weiterbildung

Die drei Ebenen des Lernerfolgs:

Die Gelegenheit für die Durchführung einer umfangreichen Evaluation bot sich dem Autor beim Einsatz eines komplexen Lehrsystems, das er für die Allianz Versicherung entwickelt hat. Hier wurden drei Ebenen der Evaluation unterschieden: auf der untersten Ebene (s. Abb. 2) wurde das Erreichen der Lernziele im Anschluss an die durchgeführten Interventionen (primär Seminare) überprüft, wobei das Erreichen der kognitiven Lernziele mit Wissenstest, das Erreichen der affektiven Lernziele mit Einstellungstests, und das Erreichen der Fertigkeiten (psychomotorischen Lernziele) durch Auswerten der Videoaufzeichnungen während des Trainings erfasst wurde. (Vergleich Kraiger & Jung, 1997, der auch vorschlägt kognitive, fertigkeits- sowie einstellungsbezogene Ergebnisse zu unterscheiden.) Die mittlere Ebene ist die des Praxisverhaltens. Durch Beobachtung des konkreten Verhaltens der Adressaten in der Praxis wurde festgestellt, ob der Transfer des Gelernten gelingt. Die dritte, oberste Ebene repräsentiert die Leistung. Durch quantitative Erfassung betrieblicher Kennzahlen wie z. B. den Umsatz der trainierten Adressaten im Vergleich zu nicht trainierten Mitarbeitern wird abgeschätzt, welchen finanziellen Nutzen die Bildungsmaßnahme gebracht hat (Martens, 1987a, Abb. 2. S. 94).

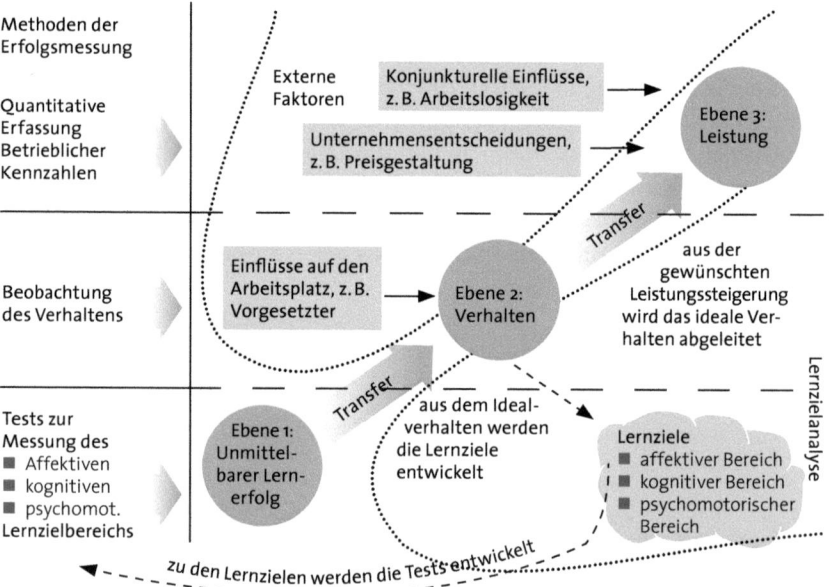

Abb. 2: Drei Ebenen des Lernerfolgs in Beziehung zu den Methoden der Erfolgsmessung, zu externen Einflussfaktoren und der Lernzielanalyse

Ein ähnliches Modell hat Kirkpatrick (1976) vorgestellt, wonach der Erfolg einer Maßnahme an der Reaktion der Teilnehmer, dem Lernergebnis, dem Verhalten und dem Resultat erfasst wird. Kritik wurde gegenüber diesem Modell von Kraiger und Jung (1997) hinsichtlich der Ambiguität der Messebenen, der Annahme einer linearen Kausalität und insbesondere der behavioristischen Ausrichtung geübt. Darüber hinaus wurde kritisiert, dass das Modell zu statisch ist und keine Ableitung von Maßnahmen möglich macht, um die Ergebnisse zu verbessern. Diese Kritik ist nach Ansicht des Autors vor allem dann nicht gerechtfertigt, wenn man die praktische Anwendbarkeit dieses Modells betrachtet.

2. Gestaltung von Lernumgebungen in der Weiterbildung

2.1 Übersicht

2.1.1 Aspekte der Lernumgebung

Lernen findet immer in bestimmten Lernumgebungen statt, die den Prozess des Lernens wesentlich beeinflussen. Je nachdem welchen Aspekt des Lernens man im Mittelpunkt sieht, ergeben sich andere Lernumgebungen bzw. andere Lernszenarien und damit unterschiedliche Lernprozesse bei den Adressaten.

Unter Lernumgebungen versteht man die Summe aller Faktoren, die das Lernen beeinflussen. Dabei kann man bei der praktischen Handhabung dieses Begriffes zwei Bedeutungen unterscheiden:

Die Merkmale der Lernumgebung, die der Lernende vorfindet und auf die auch bei der Konzeption der Trainingsmaßnahmen Rücksicht genommen werden muss, z. B. stehen keine Computer zur Verfügung und der Auftraggeber verzichtet bei der Konzeption auch auf den Einsatz dieser Medien.

Davon zu unterscheiden sind die Merkmale der Lernumgebung, die veränderbar und nicht von Anfang an festgelegt sind, sondern die durch die Konzeption der Trainingsmaßnahme bestimmt werden, z. B. lässt es der Etat, der für die Entwicklung der Bildungsmaßnahme vorgesehen ist, zu, dass auch elektronische Medien eingesetzt werden.

Beide Merkmalsgruppen beeinflussen den Lernprozess. Zu welcher dieser beiden Gruppen ein spezifisches Merkmal gehört, hängt vom Einzelfall ab.

Bransdorf, Brown & Cocking (1999) zitiert nach Reinmann & Mandl (2006) unterscheiden vier Perspektiven, die man bei der Gestaltung von Lernumgebungen im Auge haben sollte: den Lernenden, das zu erlernende Wissen, die Lernerfolgsüberprüfung und die Lerngemeinschaft.

Aus diesen vier Aspekten ergeben sich vier Gestaltungsschwerpunkte für Lernumgebungen:

»Lerner-centered environments« sind Umgebungen, die den Lernenden und sein Vorwissen sowie seine Vorerfahrungen, Einstellungen und Interessen in den Vordergrund stellen und die Lernmethoden darauf ausrichten.

»Knowledge-centered environments« sind Umgebungen, die sich auf den zu vermittelnden Gegenstand und auf seine Strukturen konzentrieren und die Auswahl und Ausgestaltung von Lehrmethoden darauf ausrichten, Kenntnisse, Verstehen und (metakognitive) Fähigkeiten zu fördern.

»Assessment-centered environments« sind Umgebungen, die verschiedenen Prüf- und Bewertungsverfahren sowie Feedbackmöglichkeiten eine große Aufmerksamkeit schenken, um das Erreichen der Lehr-Lern-Ziele sicherzustellen.

»Communitiy-centered environments« sind Umgebungen, die besonderen Wert auf die Entwicklung von (Lern-)Gemeinschaften legen, womit auch eine Öffnung (im Fall der betrieblichen Weiterbildung) der Interventionsmaßnahmen und des Trainings in die berufliche Umgebung gemeint ist. (Zitiert nach Reinmann & Mandl, 2006, S. 617f).

Bei den hier im Folgenden dargestellten Lernumgebungen spielen vor allem die »Knowledge-centered« und dem »Assessment-centered environments« die Schwerpunkte, da bei ihnen – wie zu zeigen sein wird – die Auswahl und Ausgestaltung der Lehrmethoden und die Orientierung an den Lehr-Lern-Zielen im Mittelpunkt steht.

Alle Aspekte der Lernumgebung kann man unter zwei gegensätzlichen Blickwinkeln betrachten (Reinmann & Mandl, 2006, S. 637): Handelt es sich um gegenstandszentrierte (geschlossene) Lernumgebungen, in der die Instruktion im Mittelpunkt steht, hier wird das »Unterrichten im Sinne von Unterstützen, Anregen, Beraten sowie Anleiten, Darbieten und Erklären« im »situativen Wechsel zwischen einer aktiven und reaktiven Rolle des Lehrenden« gesehen, oder handelt es sich um eine situierten (offene) Lernumgebung, in der die Konstruktion im Mittelpunkt steht und in der »Lernen als aktiver, selbstgesteuerter, konstruktiver, situativer und sozialer Prozess im Wechsel zwischen vorrangig aktiver und zeitweise rezeptiver Rolle des Lernenden« betrachtet wird. Reinmann und Mandl betonen, dass es sich hierbei nicht um zwei sich ausschließende Orientierungen des pädagogischen Vorgehens handelt. »Im Hinblick auf die Praxis sind beide Positionen gleichermaßen wichtig, und die Pädagogische Psychologie sollte sich künftig verstärkt mit integrativen Modellen der Unterrichtsgestaltung befassen« (a. a. O., S. 637).

2.1.2 Die Gliederung dieser Arbeit nach Lernumgebungen

Die Arbeiten des Autor lassen sich im historischen Ablauf drei theoretischen Schwerpunkten bezogen auf die Gestaltung von Lernumgebungen in der betrieblichen Weiterbildung zuordnen. Die Arbeiten werden also in ihrer »historischen Entwicklung« dargestellt. Die in den

Projekten des Autors gesammelten Erkenntnisse lassen sich im Einzelnen unterschiedlichen theoretisch orientierten Lernkonzepten zuordnen, die zu spezifischen Lernumgebungen geführt haben. Entsprechend stehen in der vorliegenden Arbeit drei Formen der Gestaltung von Lernumgebungen im Zentrum der Betrachtung: es wird hier zwischen gestaltpsychologisch orientieren (2.2), medienbasierten (2.3), und emotionsbasierten (2.4) Lernumgebungen unterschieden.

2.1.3 Die praktische Umsetzung der Konzepte

In dem Phasenmodell von Sonntag (2004, S. 834) wird zwischen Analyse (Lernziel- und Adressatenanalyse), Entwicklung/Konzeption, Realisierung und Evaluation/Transfer unterschieden. Auch die wichtigsten Projekte des Autors, die in diesem Bericht dargestellt werden sollen, wurden entsprechend dieser Phasen entwickelt und daher wird ihre Darstellung auch nach diesen Stationen gegliedert:

2.1.3.1 Lernzielanalyse:

Greif & Kluge (2004) stellen zu Recht fest: »Der ermittelte Bildungsbedarf liefert eine Grundlage für die Festlegung der Lehr-Lernziele, für die Auswahl der Methoden, die zur Bedarfsdeckung erforderlich sind, sowie für die Evaluation durchgeführter Maßnahmen« (Goldstein, 1993; Holling & Liepmann, 1995). Weiter unten wird zu diskutieren sein, ob es eine rational begründete direkte Zuordnung von Lehr-Lernzielen und Medien/Methoden geben kann, d.h. auf welche Theorien sich die Auswahl der eingesetzten Medien stützen kann (s. Kapitel 2.3.2 »Der Versuch einer rationalen Zuordnung von Lernzielen und Medien/Methoden«).

Grundsätzlich kann man zwei Quellen für Lernziele unterscheiden:

- Zum einen die Lernziele, die sich aus den Anforderungen an den Kenntnisstand der Adressaten ergeben. Im Rahmen der betrieblichen Bildung werden diese Lernziele zumeist von den Auftraggebern, bzw. den Firmen, bei denen die Adressaten angestellt sind, vorgegeben.
- Zum zweiten die Lernziele, die sich auf das ideale Verhalten beziehen. Ein Vergleich des Verhaltens und der Einstellungen besonders erfolgreicher und erfolgloser Adressaten ergibt eine Diskrepanz, aus der Lernziele abgeleitet werden können. Diese zweite Gruppe von Lernzielen wird bei der Adressatenanalyse entwickelt.

2.1.3.2 Adressatenanalyse:

In der Praxis des Autors hat sich vor allem die teilnehmende Beobachtung als die ergiebigste Methode der Adressatenanalyse erwiesen, die allerdings durch Fragebogen und Test ergänzt wurde und die auch zu zusätzliche Lernzielen (der zweiten Gruppe) geführt hat.

In den zu Beginn seiner Tätigkeit ausschließlich genutzten Fragebogen und Interviews (vor allem Gruppeninterviews) bei der Adressatenanalyse hat sich gezeigt, dass die Adressaten vor allem sozial erwünschte Antworten – oder das was sie als solche betrachteten – gegeben haben. Diese Tendenz wurde noch durch die Tatsache verstärkt, dass die Interviewten wussten, dass ihre Interviewer, obwohl sie als Externe nicht zur Hierarchie des Arbeitgebers gehörten, doch Kontakt zu ihren Chefs hatten. Da half es auch wenig, dass die Interviewer zu Beginn der Befragung versicherten, dass alle Antworten anonym ausgewertet werden. Auch bei der teilnehmenden Beobachtung versuchten die Beobachteten »einen guten Eindruck zu machen«, aber nachdem der Beobachter sie einen ganzen Tag bei ihrer normalen Tätigkeit begleitete und beobachtete, sind sie doch sehr schnell in ihre normale Routine zurückgefallen und haben z. T. die Anwesenheit des Beobachters vergessen[6].

2.1.3.3 Konzeption: Anpassung der Trainingsmaßnahmen an Einsatzbedingungen und Lernumgebungen:

Die Konzeption und Entwicklung der Trainingsmaßnahmen beruht auf der zugrunde gelegte Theorie sowie auf den Ergebnissen der Analysephase, wobei neben der Lernziel- und Adressatenanalyse auch die existierenden und von uns nicht zu verändernden Lernbedingungen mit berücksichtigt wurden.

Bei der Konzeption der Trainingsmaßnahme ist es wichtig, möglichst viele betroffene Mitarbeiter mit einzubeziehen. Zum einen wird dadurch sicher gestellt, dass das Training praxisgerecht gestaltet wird, zum anderen wird dadurch die Akzeptanz des Trainingskonzepts erhöht. Bei den Lehrsystemen, von denen hier berichtet wird, wurde das Konzept fast immer in sog. Projektgruppen diskutiert, in denen neben den eigentlichen, externen Entwicklern Vertreter der Adressaten, Fachleute aus dem jeweiligen Wissensgebiet und »Entscheider« (Führungskräfte der Firmen, in dessen Auftrag das Lehrsystem entwickelt wurde), die auch kurzfristig über eine durch einen neuen Vorschlag sich ergebende Erhö-

---

6   Das zeigte sich z. B. einmal darin, dass man dem Beobachter nichts zum Trinken anbot, als man etwas für seinen Gesprächspartner holte.

hung des Etats befinden konnten, vertreten waren. Eine solche Projektgruppe umfasste in der Regel ca. zehn Personen.

2.1.3.4 Realisierung des Konzeptes:

Auch bei der Realisierung des Konzeptes spielte die Projektgruppe eine entscheidende Rolle. Sie begleitete das Projekt von der Lernziel- und Adressatenanalyse bis zum fertigen Lehrsystem. Jedes einzelne Element des Lehrsystems (von dem Drehbuch angefangen, bis zum fertigen Film, jede Broschüre, Programmierte Unterweisung, Tests und natürlich der Trainerleitfaden) wurde von dieser Projektgruppe »abgenommen«. Es wurde also das Ergebnis jeder Entwicklungsstufe der Projektgruppe vorgelegt und in zumeist eintägigen Sitzungen diskutiert.

2.1.3.5 Möglichkeiten und Probleme der Erfolgskontrolle bzw. Evaluation der Trainingsmaßnahmen in der Praxis:

Unter 1.2 wurden bereits die Möglichkeiten und Probleme der Erfolgskontrolle bzw. Evaluation von Trainingsmaßnahmen erläutert. Natürlich war es das Bestreben auch die von Sonntag erwähnte Phase Evaluation und Transfer bei den Projekten, die wir für die Industrie und Wirtschaft realisiert haben, umzusetzen. Dies vor allem deshalb, weil damit nicht nur die Wirksamkeit der Maßnahmen unter Beweis gestellt werde konnte, sondern weil auch einzelne Hypothesen, die sich aus den oben erwähnten Theorien ergaben, geprüft werden konnten.

Wie schon erwähnt, war eine gründliche Evaluation der Trainingsmaßnahmen und Lehrsysteme eher die Ausnahme. Bei der Darstellung einiger ausgewählter Projekte wird im Folgenden auch dargestellt werden, welche Ergebnisse in der Phase der Evaluation gewonnen werden konnte, wenn eine solche Untersuchung möglich war.

2.1.3.6 Transfer:

Vor allem durch die Praxisnähe der einzelnen Elemente des Lehrsystems und die Einbindung der Praxis in das gesamte Curriculum wurde gewährleistet, dass die Lerninhalte auch im normalen beruflichen Alltag der Adressaten nicht nur ein »träges Wissen« darstellte und es zu der angestrebten Verhaltensänderung kam.

2.2 Gestaltpsychologisch orientierte Lernumgebungen

2.2.1 Die Methode der Programmierten Unterweisung

Am Anfang der 60er Jahre kam die Programmierte Unterweisung als eine auf Lernpsychologischen Grundlagen aufgebaute Methode der Darstellung von Lerninhalten aus den USA nach Deutschland. Es handelte sich um ein Selbstlerninstrument, mit dem man die Lehrer zu entlasten glaubte.

Der Stoff wurde dabei in kleine Einheiten aufgeteilt, häufig bestanden sie nur aus einem Satz, wobei der Lernende bei jedem dieser Lernschritte ein kleine Aufgabe zu lösen hatte, meist sollte in eine Textlücke der richtige Begriff eingetragen werden. Nach dem Umblättern konnte der Lernende kontrollieren, ob er den richtigen Begriff in die Lücke eingefügt hatte. Die Aufgaben waren so einfach, dass fast alle Lernenden immer richtig antworteten. Nach Skinner, der diese Methode nach seiner Lerntheorie ursprünglich entwickelt hat (Skinner, 1953; dt. Skinner, 1982, Skinner, 1958), assoziiert der Lernende die Bestätigung die Aufgabe richtig gelöst zu haben, als Bestätigung, die er mit dem Lob der Eltern oder Lehrer assoziiert.

Skinners sehr enge Auffassung des Lernens, die im Wesentlichen auf den Ergebnissen von Tierexperimenten beruhten, bzw. die daraus abgeleitete Methode der Programmierten Unterweisung stieß von verschiedener Seite auf Kritik. Man wies vor allem darauf hin, dass Menschen kognitive Fähigkeiten besitzen, die über die der Tiere (vor allem der Ratten und Katzen, mit denen Skinner experimentierte) hinaus gehen und die man beim menschlichen Lehren und Lernen berücksichtigen sollte.

2.2.2 Die Grundsätze der Gestaltpsychologie und ihre Anwendung auf das Problemlösen und Lernen

Der Autor sah in den Theorien der Gestaltpsychologie eine Möglichkeit, den zu engen Ansatz Skinners zu erweitern. Diese Theorien zeigten ein besonderes Potential für konkrete Praxisanwendungen, vor allem beim Problemlösen und bei der Vermittlung von Einsichten, auch in Form der Programmierten Unterweisung, obwohl diese Methode auf Grund von eher konträren Theorien (den behavioristischen Lerntheorien) entwickelt wurde.

Die Gestaltpsychologie entwickelte sich aus der Wahrnehmungspsychologie, wobei der Begriff der »guten Gestalt« eine große Rolle spielte. Man entdeckte, dass Menschen bei der Wahrnehmung die fehlenden

Teile einer »guten Gestalt« automatisch ergänzen. Ein Problem wurde als eine unvollkommene, kognitive »Gestalt« angesehen, die bei der Problemlösung zu einer vollkommenen, einer »guten Gestalt« wird. Hier zeigte sich ein wichtiger Grundsatz der Gestaltpsychologie nachdem das Ganze mehr als die Summe seiner Teile ist.

Ein Lernender, der beim Lernen Probleme selbständig löst, und damit »gute Gestalten« bildet, lernt einsichtig. Voraussetzung für das Problemlösen und damit für das einsichtige Lernen ist, dass man dem Lernenden die Chance gibt, solche Einsichtsprozesse zu vollziehen, ihm also unvollkommene Gestalten, d. h. kleine Probleme anbietet. Man schafft also für den Adressaten eine problemorientierte Lernumgebung. Das Lernen durch Einsichtsprozesse war eine Form des Lernens, die in der Schulpraxis des Autors praktisch nicht vorkamen, die aber – so zeigten z. B. die Untersuchungen von Köhler (1924) und Wertheimer (1964) – viele praktische Vorteile boten[7].

Diese Form des Lernens ist demnach durch vier Merkmale gekennzeichnet:

- Die Fähigkeit zur Problemlösung und damit zum Lernen ist von der Anordnung der Elemente des Problems abhängig (Verwandlung einer unvollkommenen Struktur in eine »gute Gestalt«),
- der Lernerfolg stellt sich plötzlich ein (»Aha-Erlebnis«),
- der Lerneffekt ist groß, es sind keine umfangreichen Wiederholungen notwendig und
- die dabei gewonnenen Einsichten können leichter auf andere Situationen übertragen werden.

Um dem Adressaten ein einsichtiges Lernen nach den Theorien der Gestaltpsychologie zu ermöglichen, muss man also dem Lernenden ermöglichen, dass er »Aha-Erlebnisse« haben kann, d. h. dass er Einsichten (»gute Gestalten«) auf Grund der Darstellung des Stoffes selbstständig bildet. Dazu wurde der Stoff in Schritte aufteilen, wobei möglichst jeder Lernschritt ein kleines, von dem Lernenden zu lösendes Problem darstellt. Auf diese Weise können auch größere Zusammenhänge von den Lernenden selbstständig entdeckt werden, wie Wertheimer (1964)

---

[7] Der Autor hat im Rahmen einer Vordiplomarbeit versucht, Studenten durch unterschwellig präsentierte Hilfen zur Bildung einer »guten Gestalt« das Lösen von Problemen (Denksportaufgaben) zu erleichtern und anschließend die Übertragbarkeit der gewonnenen Einsichten nachzuweisen.

in seinem Buch »Produktives Denken« darstellt. Beispielhaft wird dort das Erlernen des Lehrsatzes des Pythagoras in solche kleine Schritte aufgeschlüsselt.

2.2.3 Einsatz der Gestaltpsychologie in der Programmierten Unterweisung

Obwohl die Programmierte Unterweisung als ein Instrument entwickelt wurde, mit dem man die Prinzipen der behavioristischen Lerntheorien anwenden konnte, eignet sich diese Darstellungsmethode – davon war der Autor überzeugt – auch ideal dazu, die gestaltpsychologische Form des Lernens zu demonstrieren, obwohl die Gestaltpsychologie in gewisser Weise ein Gegenpol zum Behaviorismus darstellte.

2.2.3.1 Das theoretische Konzept der Anwendung gestaltpsychologischer Lerntheorien in der Programmierten Unterweisung

Die plötzlich entstehende Einsicht bei der Lösung eines Problems, oder wie es die Gestaltpsychologie nennt, das plötzliche Erkennen von Gestalten, das Aha-Erlebnis wird dem Lernenden ermöglicht, indem man einen Lernstoff in kleine, vom Lernenden selbstständig lösbare Probleme gliedert. Damit kann man – nach den Überzeugungen der Gestaltpsychologen – einsichtiges Lernen fördern und den Lernerfolg steigern.

Beim Lernen nach gestaltpsychologischen Grundsätzen müssen daher vor allem zwei Prinzipien beachtet werde: (1) Das Prinzip der Struktur und (2) das Prinzip der Prägnanz.

Zu (1): Das Prinzip der Struktur:
Wahrnehmungsgegebenheiten, Lernstoff und Denkinhalte unterliegen einer spontanen Tendenz zur gestalthaften Organisation (Strukturierung), wobei sich in vielen Untersuchungen gezeigt hat, dass die Bedingungen spontaner Organisation von der Darstellungen der Elemente abhängt, die als Ganzes erfasst werden müssen.

Zu (2): Das Prägnanzprinzip:
Unvollkommene, »schlechte« Gestalten tendieren zu »guten« Gestalten, wobei in Bereich des Denkens und Lernens Probleme als »schlechte« Gestalten beschrieben werden können, die bei entsprechender Darstellung im Lernenden zu »guten« Gestalten werden, d. h. die Probleme werden gelöst. Das Gewinnen von Einsicht wird als Bildung eines solchen Gesamtzusammenhanges beschrieben.

Aus diesen beiden Prinzipien lassen sich folgende Forderungen für ein nach gestaltpsychologischen Theorien aufgebautem Lernprogramm ableiten:

Zu (1): Zur Erleichterung der Strukturierung:
- Die Lernschritte sollten umfangreicher sein, als das bei typischen Programmen nach Skinner der Fall war, bei denen ein Lernschritt häufig nur aus einem Satz bestand. Das ist deshalb wichtig, weil alle Elemente, aus denen die Einsicht gebildet werden soll, gleichzeitig sichtbar (bzw. so kurzzeitig hintereinander sichtbar werden, dass sie noch im Bewusstsein sind), d. h. also auf einer Seite dargestellt werden sollten.
- Die übersichtliche Darstellung der Zusammenhänge der einzelnen Elemente des Lernstoffs sollte im Vordergrund stehen, was durch eine ausführliche Gliederung, die vor jedem Kapitel wiederholt wird, und durch schematische Übersichten erreicht wird.
- Bereits bevor der Lernende einzelne Elemente des Problems kennenlernt, sollte er einen Überblick über die Problemsituation bekommen (advanced organizer).
- Beim Aufbau des Inhalts des Lernprogramms wird von einer Gesamtschau ausgegangen, die im Laufe des Programmes ausdifferenziert wird. (Im behavioristischen, assoziationspsychologischen Lernprogramm wird dagegen von Einzelheiten ausgegangen, aus denen dann Schritt für Schritt der Lehrstoff aufgebaut wird.)

Zu (2): Berücksichtigung des Prägnanzprinzips:
- Beim Aufbau der einzelnen Abschnitte des Lehrstoffes wird jeweils vom Problem ausgegangen (es wird eine »schlechte« Gestalt dargestellt).
- Die Aufgaben bestehen aus kleinen »Problemen«, bei deren Lösung der Lernende »Neues« selber finden kann, durch die er im Stoff einen Schritt weiter kommt.
- Der Aufgabentyp sind offene Fragen, die eine gewisse Herausforderung für den Lernenden darstellen. Die Informationseinheiten zu den so gestalteten Aufgaben sind durch Alltagsbeispiele und anschauliche Grafiken so dargestellt, dass die große Mehrzahl der Adressaten, die Lösung der Aufgaben findet.

Eine detailliertere Beschreibung der Prinzipien der Gestaltpsychologie in der Programmierten Unterweisung hat der Autor 1966 veröffentlicht (Martens, 1966).

2.2.3.2 Der Vergleich zweier Gestaltungsformen der PU (Forschungsstudie im Auftrag der VW-Stiftung)

Um zu prüfen, ob die nach den Prinzipien der Gestaltpsychologie aufgebauten Lernprogramme tatsächlich denen nach den Vorgaben Skinners entwickelten Programmen überlegen sind, wurde im Auftrag der VW-Stiftung eine wissenschaftliche Studie durchgeführt. Die Studie wurde begleitet von Hans Schiefele, dessen Werk über die programmierte Unterweisung (Schiefele, 1964) auch die Basis für die Entwicklung einer Reihe von Programmen bildete.

Es wurde von dem Autor die Hypothese aufgestellt, dass ein nach gestaltpsychologischen Prinzipien aufgebautes Programm zu einem besseren Lernergebnis und zu einer besseren Beurteilung durch die Lernenden führt, als eines das nach den Prinzipien Skinners aufgebaut ist. Dies sollte sich vor allem bei Testaufgaben erweisen, die nicht die Erinnerungsleistung sondern das Verständnis für die Zusammenhänge und die Übertragung des erworbenen Wissens auf neue Zusammenhänge abprüfen. Dazu wurden 10 Seiten über den Blutkreislauf eines allgemein gängigen Lehrbuchs der Physiologie (Landois & Rosemann, 1960) in die Form der Programmierten Unterweisung gebracht: in der einen Fassung nach gestaltpsychologischen Prinzipien, in der anderen Fassung nach den behavioristischen Prinzipien Skinners. Von unabhängigen Spezialisten aus dem Fach Pädagogik ließ sich der Autor bestätigen, dass sich die beiden Programmfassungen tatsächlich nur hinsichtlich dieser unterschiedlichen theoretischen Konzepte unterschieden, hinsichtlich der Qualität und der Darstellung aber sonst vergleichbar waren. Auch die durchschnittliche Bearbeitungszeit war gleich.

- Ausgangslage: Lernziele, Adressaten:

  Für die Untersuchung wurden Lernziele gewählt, die in hohem Umfang das Verstehen von Zusammenhängen voraussetzen. Der Blutkreislauf des Menschen schien ein geeigneter Stoff zu sein. Versuchspersonen waren Studenten der Medizin vor dem Physikum in den Universitäten München, Tübingen und Heidelberg. Es wurden insgesamt 459 Studenten in die Untersuchung einbezogen.

- Konzeption, didaktische Gestaltung der Programme:

  Das nach den Prinzipien Skinners aufgebaute Programm hatte 168 Seiten bzw. Lernschritte. Auf jedem Lernschritt befanden sich ein oder zwei Lücken im Text, die der Lernende ausfüllen sollte und die das in den vorherigen Lernschritten vermittelte Wissen wiederholten. Auf der nächsten Seite fand er die richtige Antwort.

Das nach den Prinzipien der Gestaltpsychologie aufgebaute Lernprogramm hatte 128 Seiten. Am Ende eines jeden, gegenüber dem »Skinner-Programm« etwas umfangreicheren Lernschrittes befand sich eine Aufgabe, die den Lernenden im Stoff weiter brachte, die also kleine Probleme umfasste, die er nur lösen konnte, wenn er den Stoff wirklich verstanden hatte.

Typische Beispiele für solche Aufgaben im gestaltpsychologisch aufgebauten Programm zum Thema Blutkreislauf sind folgende:

Warum ist die Strömungsgeschwindigkeit in den Kapillaren geringer als in der Aorta? (Weil die gleiche Blutmenge durch den sehr viel größeren Gesamtquerschnitt der Kapillaren fließt.)

Worin besteht der Unterschied zwischen einer Kreiselpumpe und dem Herz als Pumpe? (Die Kreiselpumpe arbeitet kontinuierlich).

Wann ist der Gesamtwiderstand größer, wenn die Widerstände parallel (wie bei den einzelnen Organen) oder wenn sie hintereinander angeordnet sind? (Wenn sie hintereinander angeordnet sind.)

Das Besondere dieser Aufgaben besteht darin, dass sie nicht Inhalte wiederholen, die vorher erläutert wurden, sondern den Lernenden dazu anhalten, die Inhalte selbständig weiter zu entwickeln, den nächsten Schritt bei der Entwicklung des Gesamtzusammenhangs selbst zu entdecken.

Der Aufbau der beiden Programme, die verwendeten Grafiken, zum großen Teil auch die Formulierungen im Programm, waren in beiden Programmtypen identisch (und unterschied sich wesentlich zu dem im Lehrbuch enthaltenen und schwer verständlichen Text).

■ Realisation, Einsatzbedingungen und Lernumgebung:

Beide Programmtypen wurden gedruckt und den Versuchspersonen ausgegeben. Sie durften die Bücher behalten. Die Programme wurden an die Studenten im Rahmen einer Physiologie-Vorlesung verteilt und von einem Teil der Studenten im Beisein des Autors sowie einiger Assistenten des Professors, der die Einführungs-Vorlesung in Physiologie hält, durchgearbeitet. Ein anderer Teil bearbeitete die Programme zuhause. Die Studenten bekamen zufällig zugeordnet entweder die Fassung, die nach den Prinzipien der Gestaltpsychologie aufgebaut war, oder die Fassung, die nach den Prinzipien Skinners gestaltet war. Nachdem die Programme äußerlich identisch waren (das nach den Prinzipien Skinners gestaltete Programm war lediglich etwas dicker), wurden den Studenten nicht bewusst, dass sie verschiedene Programme bearbeiteten.

■ Ergebnisse (Lernerfolg, Evaluation):

Ein Wissenstest und ein Fragebogen, die im Rahmen der Physiologievorlesung bearbeitet wurden, brachte folgende Ergebnisse: Im Gesamtergebnis des Wissenstests wurde kein signifikanter Unterschied zwischen den beiden Programmen gefunden. Lediglich bei einzelnen Testaufgaben zeigte sich die Tendenz, dass das gestaltpsychologisch aufgebaute Programm zu einem besseren Verständnis der Zusammenhänge geführt hat. Das gestaltpsychologische Programm wurde allerdings von den Studenten signifikant besser beurteilt (Martens, 1968. Zur Theorie und Praxis der Programmierten Unterweisung s. a. Martens, 1971).

- Diskussion der Ergebnisse:

Die Tatsache, dass im Gesamtergebnis des Wissenstests kein signifikanter Unterschied zwischen den beiden Programmformen gefunden wurde, ist insbesondere darauf zurückzuführen, dass die Versuchsbedingungen nicht in genügendem Umfang kontrolliert werden konnten. Vor allem musste man damit rechnen, dass die an der Untersuchung beteiligten Studenten auch über die ausgeteilten Programme hinaus Informationen zum Thema Blutkreislauf aufgenommen haben. Da es sich um ein wichtiges Thema handelt, das auch in den folgenden Prüfungen eine große Rolle spielt, muss man davon ausgehen, dass die Studenten, die das Skinner-Programm durchgearbeitet haben, mit anderen Medien (Lehrbücher, Diskussion mit Kommilitonen, Vorlesungen) sich zu diesem Thema Wissen angeeignet haben und so Einsichtsprozesse gebildet haben, die das Testergebnis beeinflussten, aber nicht auf dem Lernen mit dem Skinnerprogramm beruhten. So könnte das Testergebnis dieser Untersuchung »verfälscht« worden sein.

Darüber hinaus konnte nicht sicher gestellt werden, dass die Versuchspersonen die Aufgaben gelöst haben, bevor sie weiter geblättert haben. Es ist zu erwarten, dass eine größere Zahl von Studenten vor dem Lösen der Aufgaben weitergeblättert hat und die nächste Seite mit der Lösung der Aufgabe gelesen haben. Dadurch ist der Einfluss der unterschiedlich gehaltenen Aufgaben (eines der Hauptkriterien, in denen sich die beiden Programmtypen unterschieden) auf den Lernerfolg nicht mehr gegeben.

2.2.3.3 Praktische Umsetzung der neu entwickelten Methode.

Der Autor hat die programmierte Unterweisung im Rahmen eines Praktikums »Institut Mensch und Arbeit« in München kennen gelernt und auch über dieses Praktikum hinaus als freier Mitarbeiter weiter eine Reihe von Programmierten Unterweisungen entwickelt, wobei er die hier dargestellten Prinzipien der Gestaltpsychologie so weit wie möglich umgesetzt hat. Diese Programme wurden bei der Ausbildung von Pharmareferenten verschiedener Firmen eingesetzt (»Der Blutkreislauf«, 1982a; »Das Herz«, 1982b; »Das Nervensystem« 1988, »Pharmakologie« mit B. Weidenmann, 1988). Über die Möglichkeiten der Programmierten Unterweisung in der Gesundheitserziehung hat der Autor auf dem von der Bundeszentrale für gesundheitliche Aufklärung 1969 veranstalteten ersten internationalen Seminar für Gesundheitserziehung referiert (Martens, 1970a, s. a. Martens, 1970b: »PU in der medizinischen Ausbildung«). Neben den Programmen für die medizinische Ausbildung hat der Autor auch solche für Führungskräfte (»Konferenztechnik«, Martens, 1972, 1982c) und Handwerker (VOB DIN Anstricharbeiten, Martens, 1986) entwickelt. (Diese Programme wurden ursprünglich für den internen Einsatz bei Firmenmitarbeitern entwickelt und später in Neuauflagen für den Buchhandel herausgegeben.) 1969 kamen die drei Bände der Programmierte Unterweisung »Rechnen leichter gelernt« auf den Markt, die unter der Leitung des Autors entwickelt wurde und den gesamten Grundschulrechenstoff enthielt.

Diese Programme wurden zum Teil unter Mithilfe von Studienkollegen entwickelt, die sich unter Leitung Autors als »Arbeitsgruppe für Programmierte Unterweisung (APU)« an der Universität München gebildet hatte. Diese Arbeitsgruppe traf sich zwischen 1965 und 1967 und hielt sich gegenseitig hinsichtlich der neuesten Literatur, vor allem aus den USA auf dem Laufenden.

2.2.3.4 Folgerungen für die betriebliche Weiterbildung.
Die Untersuchungen mit den nach den Prinzipien der Gestaltpsychologie entwickelten Programmierten Unterweisungen haben gezeigt, dass diese Methode in der betrieblichen Weiterbildung gut geeignet ist, einsichtiges Lernen zu praktizieren. Wenn durch die Untersuchung des Autors auch nicht nachgewiesen werden konnte, dass gestaltpsychologisch aufgebaute Lernprogramme einen größeren Lernerfolg bringen, so konnte doch die größere Akzeptanz aufgezeigt werden, die in der betrieblichen Weiterbildung auch eine große Rolle spielt.

Heute ist die Methode der Programmierten Unterweisung weitgehend in Vergessenheit geraten. Das liegt vor allem daran, dass man durch das Computer Based Training (CBT) oder allgemeiner: durch das E-Learning sehr viel bessere technische Möglichkeiten zur Verfügung hat, mit denen man den schrittweisen Aufbau eines Lerngegenstandes darzustellen und von den Lernenden erarbeiten lassen kann. Die Prinzipien des entdeckenden Lernens bzw. die Darstellung der Lerninhalte gemäß den gestaltpsychologischen Prinzipien sind auch für diese technischen didaktischen Medien eine gute Basis.

Näher ausgeführt hat der Autor die hier dargestellten Prinzipien der gestaltpsychologischen Lernumgebung vor allem in:

Martens, J.U. (1966). Gestaltpsychologie in der Programmierten Unterweisung (Teil I und II). In *Lehrprogramme* I/66 und II/66, München, Manz.

2.3 Medienbasierte Lernumgebungen

In den 70er Jahren wurden eine Reihe von technischen Medien entwickelt, die die Attraktivität und die Wirksamkeit der betrieblichen Weiterbildung deutlich steigern sollten. Es lag daher im Trend der Zeit, dass sich der Schwerpunkt der beruflichen Aktivitäten des Autors auf die neuen, vor allem audiovisuellen Medien verschob[8]. In diesem Abschnitt soll dargestellt werden, welche didaktischen Funktionen diese Medien innerhalb eines Lernprozesses bzw. innerhalb eines Lehrsystems übernehmen können (2.3.1), wie man entscheiden kann, welche Medien in einem Einzelfall (einem besonderen Lernziel) besonders gut geeignet sind (2.3.2) und wie man komplexe Medienverbundsysteme entwickeln kann, in denen die Wirksamkeit der einzelnen Medien kombiniert wird (2.3.3). Darüber hinaus wird auch in diesem Abschnitt aufgezeigt, welchen Einfluss die hier dargestellten Überlegungen auf die praktische Umsetzung in der betrieblichen Weiterbildung hatten.

Nach dem Studium der Psychologie und einigen Semestern Betriebswirtschaft gründete der Autor 1967 das privatwirtschaftliche »Institut für wissenschaftliche Lehrmethoden, J.U. Martens« und 1970 die »Lehrsysteme im Medienverbund GmbH«. Beide Firmen entwickelten im Auftrag von Firmen Trainingsprogramme. Das Institut entwickelte zunächst Programmierte Unterweisungen, ab 1970 aber vor allem »teilobjektivierte Lehrsysteme im Medienverbund«. Es handelte sich dabei um Seminarkonzepte, die im Detail ausgearbeitet und dargestellt wurden. Das Institut erarbeitete im Allgemeinen die Konzepte, die die GmbH realisierte.

Nachdem das Entwicklerteam von der pädagogischen Wirksamkeit

---

[8] Über den Einfluss der modernen Unterrichtstechnologie auf die Methodik und Didaktik s. Martens, 1996.

vor allem der audiovisuellen Medien überzeugt war und mit großem Interesse die Entwicklung der neuen Medien (Super-8-Film, Tonbildschau, Video, Bildplatte, CBT usw.) verfolgte, war es naheliegend, dass diese Medien in den Lehrsystemen einen besonderen Stellenwert einnahmen.

2.3.1 Die Entwicklung der technischen Medien und ihr Einsatz in der betrieblichen Weiterbildung

Um den Stellenwert der einzelnen Medien für die zu entwickelnden Lehrsysteme zu bestimmen, wurde von dem Autor zunächst die didaktische Funktion vor allem der neuen technischen Medien bestimmt. Die einzelnen didaktischen Medien können hier nur kurz vorgestellt und die didaktischen Funktionen nur ansatzweise beschrieben werden. Ziel ist es, beispielhaft zu demonstrieren, welche Überlegungen zu einer komplexen Theorie der Zuordnung von Lernziel und Medium/Methode (s. 2.3.2) geführt haben. Eine differenzierte Ausführung zu diesen Überlegungen findet man in Martens (1976).

Overheadprojektor, Tageslichtprojektor

Als der Autor mit seinem Team Ende der 60er Jahren mit der Entwicklung dieser »teilobjektivierten Lehrsysteme im Medienverbund« begann, war der Tageslichtprojektor (auch Tageslichtschreiber, Polylux und in der Bundeswehr Prokischeiber genannt) eine Neuentwicklung, die die Tafel ersetzen sollte. Man konnte auf einer Folie, die auf der Glasschreibe lag und deren Bild hinter dem Referenten auf eine Leinwand projiziert wurde, den Stoff entwickeln, ohne den Lernenden den Rücken zuzudrehen. Sehr bald wurden dann auch fertige Folien mit kunstvollen, farbigen Darstellungen der Lerninhalte entwickelt. In unseren Lehrsystemen wurde der Overheadprojektor sowohl zur schrittweisen Entwicklung des Lehrstoffes als auch zur Projektion fertiger Folien u. U. mit Fotos genutzt.

Die didaktische Funktion des Overheadprojektors:
Für das einsichtige Lernen bzw. für das Bilden kognitiver Strukturen ist es für die Adressaten wichtig, dass diese die verschiedenen Elemente, die sie in Verbindung und in eine Struktur bringen sollen (siehe oben »Prinzip der Struktur«), gleichzeitig im Bewusstsein haben. Dabei sind strukturelle Darstellungen, Schemata und Diagramme besonders wichtig. Diese lassen sich mit Folien gut darstellen, wobei man die einzelnen

Elemente während des Referats durch Aufzeichnen oder durch sukzessives Aufdecken dann sichtbar machen kann, wenn sie angesprochen werden. So kann ein komplexes Schema für den Lernenden langsam sichtbar werden, das dann, wenn man es auf einmal zeigte, eine Überforderung darstellen würde. Darüber hinaus, lassen sich mit fertigen Folien Bilder präsentieren, die (auch emotionale) Assoziationen bei den Lernenden auslösen, ohne dass diese explizit angesprochen werden. Dadurch kann man den Lernstoff attraktiver machen, die Neugier wecken und damit zum Lernen motivieren und in Ansätzen können sogar affektive Lernziele vermittelt werden.

Tonbildschau

Die Kombination von Dias mit einem Tonbandgerät, das auch die Impulse für die Steuerung des Diaprojektors enthielt, ergab ein Audiovisuelles Medium, das zwar nur stehende Bilder nutzte, das aber ähnlich eindrucksvoll und didaktisch wirksam gestaltet werden konnte, wie das sonst nur mit einem Film möglich war. Die Herstellungskosten für eine Tonbildschau waren aber sehr viel geringer. Auch die Tonbildschau verbreitete sich in den 60er Jahren und hatte ihren Höhepunkt in den 70er bis 90er Jahren. Sie übernahm in den Lehrsystemen, die wir entwickelten eine wichtige Rolle bei der Darstellung der Lerninhalte. Sie ersetzte häufig die Referate. Heute haben Beamertechnologie und Powerpoint diese Technik verdrängt. (Kodak hat 2004 die Produktion von Diaprojektoren eingestellt).

Die didaktische Funktion der Tonbildschau:

Die Kombination von Bildern (Fotographien, Grafiken) und Ton (Musik, Geräusche und Sprache) können bei dem Adressaten emotionale Reaktionen auslösen und somit eignet sich dieses Medium neben der Vermittlung kognitiver auch als Instrument zur Vermittlung affektiver Lernziele. Darüber hinaus lässt sich durch eine Tonbildschau auch ein durch Grafiken und demonstrierende Bilder unterstütztes Referat widergeben. Das ist dann hilfreich, wenn der Referent, der dieses Referat mit Folienunterstützung halten könnte, entlastet werden soll. Ein Nachteil der Tonbildschau besteht darin, dass häufig durch den hohen Abstraktionsgrad der dargestellten Inhalte und dem mangelnden sozialen Kontakt der Lernenden untereinander, bei einer längeren Vorführung mit Ermüdungserscheinungen gerechnet werden muss. Der Wechsel mit Aktivierungs- oder Diskussionsphasen kann diesen Nachteil aufheben und die Tonbildschau zu einem lerneffektiven Medium machen (Martens, 1976).

8mm und Super-8 Film

Das bewegte Bild hat eine ganz besondere Faszination auf den Betrachter. Der 16-mm Film war in seiner Entwicklung und Herstellung für Schulungszwecke zu teuer. (Bereits in den 70er Jahren kalkulierte man für die Entwicklung und Herstellung einer Minute Film 4.000.- DM). Sehr viel preiswerter war der für den Privatbereich entwickelte 8-mm Film. Schon bei den ersten Lehrsystemen hat das Team des IWL daher kurze Filmstreifen in 8-mm eigesetzt. Ende der 60er Jahre wurde dann der von Kodak entwickelte Super-8-Film verbreitet[9]. Der Vorteil gegenüber dem 8mm Film (in Abgrenzung zum Super-8-Film jetzt »Normal-8« genannt) bestand nicht nur in dem um ca. 30% größeren Bild und damit der besseren Bildqualität, sondern auch in der Handhabung. Der Super-8-Film wurde in Kassetten geliefert, die man in den Projektor schob. Der Film fädelte sich selbständig ein und spulte am Ende des Films auch wieder automatisch zurück. Die Handhabung war also sehr viel einfacher und die Akzeptanz der Seminarleiter dadurch sehr viel größer als beim bis dahin üblichen 8-mm Film.

Didaktische Funktion von Super-8 Filmen:
Das bewegte Bild hat einen besonderen Stellenwert besonders bei der Vermittlung affektiver Lernziele. Vor allem, wenn es darum geht, die Emotionen der Adressaten zu beeinflussen, so war das bewegte Bild das Mittel der Wahl. Bei einer geeigneten Dramaturgie und Regie identifiziert sich der Adressat mit dem »Held« der Geschichte und somit wird dieser zum Modell für den Lernenden. Man kann damit rechnen, dass er zumindest kurzfristig die Einstellungen und Verhaltensweisen des »Helden« übernimmt (Lernen am Modell).

Video (Kassettenrecorder ,VCR, Betamax, U-matic)

Bereits im Jahr der Gründung des IWL 1967 gab es Videorecorder für den semiprofessionellen Bereich. Es waren Geräte in denen Videobänder mit 1 Zoll Breite verwendet wurden, im Gegensatz zu den im Fernsehen verwendeten 2 Zoll Geräten. Sie wurden zur Aufzeichnung und Wiedergabe von Rollenspielen verwendet. Allerdings musste das lose auf einer Spule aufgewickelte Band in vielen Schleifen in den Recorder eingelegt werden, der so schwer war, dass man Mühe hatte, ihn zu tragen. Die Videoaufzeichnung war auch nur in schwarz-weiß möglich.

[9] Er wurde 1965 der Öffentlichkeit vorgestellt.

1969 wurde dann eine neue Technik von Philips und Grundig vorgestellt: der erste Video Cassetten Recorder (VCR) mit zugehöriger Videokamera. Das Videoband mit ½ Zoll Breite befand sich jetzt in einer Kassette, die man in das Gerät schob. Dieses System war allerdings durch seine mechanisch komplizierte Technik (zwei übereinanderliegende, sich gegenläufig bewegende Spulen) sehr störanfällig. 1972 stellte Sony seinen U-matic Videokassettenrecorder vor, der lange Zeit Standard im Training werde sollte. Sony sah den Markt für U-matic von Anfang an nicht im Privatbereich sondern bei den Firmen, die diese Technik vor allem im Training einsetzten. Das System war deutlich teurer aber zuverlässig und qualitativ hochwertiger (3/4 Zoll Videoband) und es wurde von Sony garantiert, dass es bis zur Jahrtausendwende auf dem Markt bleibt. In den folgenden Jahren wurde eine Reihe weiterer Techniken und Formate (Video-2000, Betamax, VHS) entwickelt, die sich gegenseitig Konkurrenz machten und die mit ihrem ½ Zoll Band für den allgemeinen Konsumermarkt gedacht waren. Die Vielzahl der Systeme verunsicherte z. T. die Verbraucher.

In den 80er Jahren wurde dann der Videorecorder nicht nur zur Aufzeichnung von Rollenspielen im Training verwendet, sondern es wurden auch vorgefertigte Filme über den Videorecorder gezeigt, der Super-8 Film verschwand.

Die didaktische Funktion von Video:
Wie schon oben erwähnt, haben die verschiedenen Videosysteme den Super-8- Film verdrängt. Vorgefertigte Filme mit didaktischem Inhalt werden heute in Form von Videofilmen über einen Bildschirm wiedergegeben oder mit einem Beamer an eine Leinwand projiziert. Hinsichtlich der didaktischen Funktion gilt für diese Form des Einsatzes das Gleiche, was oben zu dem Super-8 Film gesagt wurde.

Video hat aber noch eine andere wesentliche didaktische Funktion. Mit Hilfe einer Videokamera kann man das Verhalten der Adressaten z. B. während einer Diskussion oder im Rollenspiel aufzeichnen und anschließend analysieren. Vor allem im Führungskräfte- und im Verkaufstraining wurde von dieser Möglichkeit seit Aufkommen dieser Technik umfangreich Gebrauch gemacht. Auf diese Weise konnte man die Selbstwahrnehmung intensivieren und Schwächen im Verhalten deutlich machen. Die »objektive« Konfrontation mit den eigenen Schwächen stellte allerdings für viele Lernende eine große emotionale Belastung dar, auf die sie häufig nicht ausreichend vorbereitet wurden. Das führte zum Einen dazu, dass die Erkenntnisse, die die einzelnen Adressaten durch die Betrachtung ihrer Aktionen gewannen, in der Praxis nicht umsetzen konnten, zum Anderen führte es dazu, dass das Videotraining ein »problematisches« Image bekam. Viele Adressaten und sogar einige Unternehmen lehnen heute den Einsatz der Videokamera im Führungskräfte und Verkaufstraining ab.

EVR, Bildplatte

1969 wurden weitere technische Entwicklungen vorgestellt, die vor allem den Trainingsmarkt (als Vorreiter für den Konsumermarkt) im Vezier hatten. Nachdem der Autor mit seinem Team den Ehrgeiz hatte, neue technische Entwicklungen – wenn sie Vorteile brachten – mit als erste im Training einzusetzen, wurde er mit diesen Entwicklungen konfrontiert.

EVR war ein System, in dem Bild und Farbinformation auf getrennten, nebeneinanderliegenden »Bildern« eines sehr lichtunempfindlichen, dafür aber sehr feinkörnigen Films mit Hilfe eines Laserstrahls aufgezeichnet und abgetastet wurden. Man konnte jedes einzelne Bild, das eine bis dahin noch nicht gekannte Bildqualität hatte, ansteuern, aber auch wie bei einem normalen Film Bewegtbild-Sequenzen abspielen. Das hätte große didaktische Möglichkeiten eröffnet. Leider ist dieses System nie in Serie gegangen.

1973 wurde von AEG-Telefunken, Decca und Teldec auf der Berliner Funkausstellung ein Bildplattenspieler vorgestellt (TED-Platten), bei der eine einzelne Bildplatte nur 10 Minuten Spielzeit hatte. Die Firma des Autors hat erste Lehrinhalte zu Demonstrationszwecken für diese Bildplatte entwickelt.

Das Gerät, das 1975 auf den Markt kam, war sehr schwer (14 kg), teuer und die Platten waren sehr empfindlich. Die Bildplatte wurde wie bei einer Audioplatte mit einer Diamantnadel abgetastet und drehte sich mit 1500 Umdrehungen pro Minute. Die Entwicklung verschwand nach 2 Jahren wieder.

1980 stellte Philips eine Bildplatte vor, die mit einem Laserstrahl abgetastet wurde (Laserdisc). Auch sie hat nie eine größere Bedeutung erlangt, gilt aber als Vorreiter für die in der Computertechnologie wichtige CD (CD-ROM).

Didaktische Funktion von EVR und Bildplatte:
Die problemlose, individuelle Ansteuerung von Einzelbildern, in Kombination mit Passagen bewegter Bilder ermöglichte die Umsetzung didaktischer Modelle wie z.B. des individuellen Lernens und der Lernmaschinen. Die Konzepte, die für dieses Medium entwickelt wurden,

konnten nicht umgesetzt werden, da dieses Medium keine größere Verbreitung gefunden hat. Allerdings konnten diese didaktischen Modelle einige Jahre später durch die Entwicklung der CD-ROM oder noch später der DVD mit einem anderen technischen Medium realisiert werden.

CBT (Computer Based Training), Multimediaprogramme

Bereits Ende der 70er Jahre wurde über den Einsatz des Computers in der Aus- und Weiterbildung diskutiert und es wurden erste Projekte gestartet. Das Problem war die Speicherung und Weitergabe der Daten, vor allem, wenn man Bilder in die Programme einbeziehen wollte. Es waren große Zahlen von Disketten notwendig, um die entwickelten Programme zu speichern. Erst als Anfang der 80er Jahre die CD und damit die CD-ROM auf den Markt kam, die ein Speichervolumen hatte, das das der Disketten um ein Vielfaches übertraf, war dieses Problem beseitigt, was dem CUU (Computer Unterstützter Unterricht), wie diese Bemühungen ursprünglich genannt wurden, einen großen Aufschwung brachte.

Didaktische Funktion des CBT und Multimedia:
CBT (Computer Based Training oder auch rechnerunterstützter Unterricht) steht für Datenverarbeitungsprogramme (Lernsoftware), die Lerninhalte auf einem Bildschirm darstellen. Der Lernende muss (ähnlich wie bei der Programmierten Unterweisung) auf die gezeigten Inhalte reagieren, bzw. die gestellten Aufgaben lösen. Er bekommt entsprechendes Feedback und wird abhängig von seinen Antworten auf weitere Module des Programms gelenkt. Im Gegensatz zur Programmierten Unterweisung ist es den Lernenden beim CBT nicht möglich, durch Umblättern nachzusehen, welches die richtige Antwort ist, bevor sie selbst geantwortet haben. Darüber hinaus, konnte das Anwortverhalten der Adressaten im Computer gespeichert werden und man konnte dadurch die Programme auf Grund von empirischen Daten optimieren. Von Multimediaprogrammen spricht man dann, wenn in das Lehrprogramm auch Filme eingebunden sind.

Abhängig von dem Umfang der Interaktivität unterscheidet man drei Gruppen von CBT:

Präsentationssysteme: Die Lerninhalte werden wie in einem Buch dem Lernenden präsentiert, allerdings können im Gegensatz zum Buch auch bewegte Bildsequenzen einbezogen werden.
Tutorielle Systeme: Die Lerninhalte werden mit Aufgaben gekoppelt, auf die der Lernende antwortet, indem er per Tastatureingabe oder Mouse-

klick auf die Aufgaben reagiert. Das Programm reagiert seinerseits darauf und unterstützt den Adressaten wenn nötig.

Simulationsprogramme: Das Programm versucht die Realität so weit wie möglich nachzubilden und der Lernende kann sich spielerisch mit dieser Realität auseinandersetzen, in dem er als Einzelner oder in der Gruppe das System mit seinen oder ihren Entscheidungen steuert.

Der Computer gibt dem Pädagogen bzw. Didaktiker ein Instrument in die Hand, mit dem er fast alle Modelle der Präsentation von Lerninhalten realisieren kann. In der Praxis liegt die Beschränkung lediglich in dem finanziellen Aufwand, der mit der Entwicklung solcher Programme verbunden ist. (Martens, 1987b, 1991). Obwohl der Lerneffekt, wie viele Untersuchungen immer wieder gezeigt haben, größer ist, als bei den meisten anderen Medien, lohnt sich durch den hohen finanziellen Aufwand eine Entwicklung solcher Programme nur dann, wenn eine große Zahl von Adressaten angesprochen sind.

Ein Nachteil des CBT liegt darin, dass die soziale Komponente fehlt, da die CBT-Programme in der Regel für individuelles Lernen ausgerichtet sind. Lernen ist immer ein sozialer Prozess und die Lernziele, die durch den Lernprozess angestrebt werden, beinhalten in den meisten Fällen eine soziale Situation (Volke-Groh & Martens, 2001). Heute kombiniert man daher das CBT mit anderen, konventionellen Formen des Lernens. Man spricht dann von Blended Learning.

Wenn in einem CBT-Programm auch Passagen mit bewegtem Bild integriert werden (»Multimedia-Programme«), sind solche Programme bis zu einem gewissen Grad auch geeignet, soziales Verhalten zu vermitteln (Martens, 1998b; 1999).

E-Learning, WBT (Web-basiertes Training) und netzbasierte Medien

Mit dem Begriff E-Learning werden heute alle Programme zusammengefasst, in der die EDV als Steuerungs- und Präsentationsmedium für Lerninhalte die entscheidende Rolle spielt. Zunehmend wir dabei heute auch das Internet mit einbezogen, wobei man dann von WBT spricht. Im Gegensatz zum CBT werden dabei die Lerneinheiten nicht auf einem Datenträger (z. B. CD-ROM) vorgehalten und verbreitet, sondern von einem Webserver online mittels Internet oder Intranet abgerufen.

Die didaktische Funktion von E-Learning:
Die didaktische Funktion von E-Learning ist mit denen von CBT vergleichbar, auch wenn die Bilder aus dem Netz kommen. E-Learning hat sich inzwischen in der betrieblichen Weiterbildung durchgesetzt, obwohl diese Methode nicht nur auf Anhänger gestoßen ist.

In einer Befragung von über 300 Personalverantwortlichen in großen deutschen Unternehmen (Eckhart, von Rosenstiel & Siemens Business Services, 2001) wurde von den Befragten E-Learning als mittlerweile unverzichtbar bewertet. Die hohen Erwartungen, die man in der Anfangszeit der Entwicklung computergestützter medialer Ansätze hatte, haben sich aber offensichtlich nicht erfüllt. Kritisiert werden die ungenügende Qualität und die häufig fehlenden Interaktionsmöglichkeiten, die E-Learning-Programme immer noch aufweisen. Das mag damit zusammenhängen, dass bei der Entwicklung von E-Learning oft die Computerspezialisten (Programmierer) und nicht die Pädagogen oder Lernpsychologen im Vordergrund stehen. Auch bei der Entwicklung der E-Learning-Programme durch die Firmen des Autors gab es immer eine gewisse Rivalität zwischen den Pädagogen, die ein nach ihren Vorstellungen entwickeltes Konzept realisieren wollten, und den Programmierern, die oft die Umsetzung dieses Konzeptes als zu schwierig und zu kostenaufwendig beurteilten, ohne konkret zu prüfen, wie ein solches vielleicht angepasstes Konzept doch zu realisieren ist. Bei den meisten Projekten führten auch die engen zeitlichen Vorgaben dazu, dass die Entwicklungsarbeit unter Stress geriet, der eine konstruktive Lösung der Probleme behinderte.

Der Einsatz elektronischer Medien wurde in der Anfangszeit ihrer Entwicklung häufig forciert, weil man modern sein wollte, bzw. sich ein solches Image wünschte. Martens & Götz (2000) haben darauf hingewiesen, wie wichtig eine Analyse der Stärken und Schwächen aller Medien, auch der elektronischen Medien ist, um dann den geeigneten Ort seines Einsatzes und die geeigneten Aufgaben zu bestimmen, die sie in einem Konzert verschiedener Medien übernehmen sollten. Nur so lassen sich auch die relativ hohen Kosten für die Entwicklung der elektronischen Medien rechtfertigen und u. U. begrenzen.

2.3.2 Der Versuch einer rationalen, direkten Zuordnung von Lernzielen und Medien / Methoden

Mit den oben beschriebenen didaktischen Funktionen der verschiedenen Medien wird angedeutet, welche Aufgabe diese Medien in einem Lehrsystem übernehmen könnten. Ähnliche Beschreibungen der didaktischen Funktionen kann man auch für die konventionellen Medien erstellen (s. Martens, 1976, S. 118). Insgesamt hat der Autor bei dem Versuch, eine Verbindung zwischen Lernziel und Medium herzustellen, 21 Merkmale aufgezählt, mit denen man die pädagogisch begründeten Wünsche an die Darstellung des Lehrstoffes in einem Lehrsystem einerseits und die Funktionen der Medien und Methoden andererseits kennzeichnen kann, die in einem Lehrsystem einsetzbar sind (Martens, 1976, S. 73ff). Daraus wurde eine »Lehrstrategie-Medien-Matrix« (a. a. O. S. 131) entwickelt, in der den erwähnten 21 Merkmalen der Darstellung des Lehrstoffes insgesamt 28 Medien und Methoden gegenübergestellt wurden. Für jedes Medium bzw. jede Methode wurde bestimmt, ob dadurch das gewünschte Merkmal der Darstellung repräsentiert wird. Natürlich – das wurde in dem Buch erwähnt – muss in die Bestimmung der gewünschten Merkmale des Lehrsystems auch die Analyse der Adressaten und der Merkmale der Lernsituation eingehen, die nicht veränderbar sind.

Zuordnung von Lernzielen und Medien / Methoden:
Durch die Unterscheidung verschiedener Lernformen, denen unterschiedliche Theorien zugrunde gelegt wurden, wie sie Gagné (1970 u. 1980, 5. vollständig überarbeitete Auflage) getroffen hat, glaubte der Autor einen Weg gefunden zu haben, wie man rational begründbar entscheiden kann, welche Merkmale die Darstellung des Lernstoffes haben sollte und welche Medien und Methoden daher in einem konkreten Projekt eingesetzt werden sollten. Aus den Lerntheorien, die den verschiedenen Lernformen zugeordnet werden konnten, lassen sich die passenden Merkmale für die optimale Lehrstrategie ableiten. Wenn man die gewünschten Merkmale der Darstellung des Lernstoffes kannte, musste man nur noch prüfen, welche Medien besonders gut geeignet waren, diese Merkmale zu erfüllen. Der Autor der vorliegenden Arbeit ging davon aus, dass man nur die richtige Form der Klassifizierung von Lernzielen einer fein differenzierten Form von unterschiedlichen Lerntechniken gegenüberstellen musste, um im Einzelnen entscheiden zu können, welche Medien und Methoden einzusetzen sind, um den Lernprozess optimal zu fördern. Wenn das gelänge, könnte man die Diskussionen bei der Frage, welche Medien und Methoden in einem konkreten Einzelfall eingesetzt werden sollten, die in dem Entwicklungsteam für ein neues Lehrsystem häufig durchgeführt wurden, auf eine rationale, vielleicht sogar »wissenschaftliche« Grundlage stellen. Bisher standen immer nur unterschiedliche Meinungen oder »Intuitionen« einander gegenüber, die schwierig zu begründen waren.

In der Praxis spielte in der Zeit, in der diese Überlegungen das berufliche Handeln des Autors bestimmten, auch die »neuen Medien« eine große Rolle. Der Overhead-Projektor, die Tonbildschau oder der Super-8-Film begannen sich in der betrieblichen Bildung durchzusetzen. Die Zuordnung von Lernziel und Medium war daher auch ein allgemein diskutiertes Thema und der Autor hat eine große Zahl von 5-tägigen Seminaren erfolgreich am freien Markt angeboten, in denen die neuen Medien, ihr Einsatz bei der betrieblichen Aus- und Weiterbildung und in dem Zusammenhang die Medienzuordnung die Kernthemen waren.

Der Entscheidungsprozess für die Zusammensetzung der Medien wird schematisch in der folgenden Abbildung (Abb. 3) dargestellt und hier kurz beschrieben:

Bei der Entscheidung, welche Medien in einem Lehrsystem zum Einsatz kommen, mussten zunächst die *Ausgangsbedingungen* festgelegt und analysiert werden. Der Lehrstoff bzw. die Lerninhalte, die Lernziele, die Merkmale der Adressaten und die Lernbedingungen, die man nicht beeinflussen konnte, wurden zunächst festgelegt.

Von diesen Ausgangbedingungen wurden die Merkmale der *Lehrstrategie* abgeleitet: Es wurde festgelegt, welche Lerntypen in dem Lehrsystem eine Rolle spielten und welche Gewichtung diese haben sollten. In dieser Phase wird z.B. entschieden, ob die Assoziationsbildung, wie etwa beim Auswendiglernen von Produktbezeichnungen oder das Verstehen von Zusammenhängen, das einsichtige Lernen (die Bildung kognitiver Strukturen), wie z.B. bei komplizierten technischen Apparaturen im Vordergrund stehen. Aber auch die Inhalte hatten natürlich einen Einfluss auf die Auswahl der Medien. Es musste darauf Rücksicht genommen werden, ob die Lerninhalte in erster Linie aus Texten, stehenden oder bewegten Bildern bestehen. Aber auch die gewünschte und pädagogisch sinnvolle Form der Aktivierung bzw. der Motivierung der Adressaten hatte Einfluss auf die Medienwahl, so wie die pädagogisch optimale Form der Lernsituation (Gruppensituation, Einzelsituation, Wettbewerb usw.).

Auf Grund der Merkmale der Lehrstrategie konnten dann die für diesen speziellen Fall optimalen *Medien und Methoden* bestimmt werden. Es konnte die Frage beantwortet werden, welche Rolle z.B. der Referent, bzw. der Vortrag, das Lehrgespräch, Texte, wie auch die Programmierte Unterweisung oder audiovisuelle Medien spielen sollten. (Eine praxisnahe Darstellung der für die betriebliche Bildung wichtigen Medien und Methoden findet sich in Weidenmann, 2006).

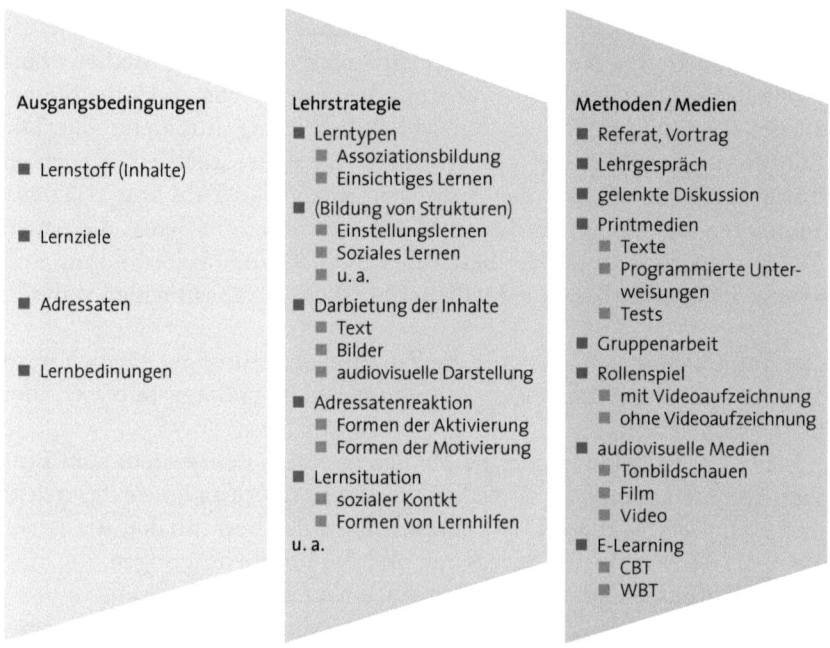

Abb. 3: Die Schritte zur Auswahl von Medien und Methoden eines Lehrsystems

Ein untergeordnetes Problem war das der definitorischen Abgrenzung zwischen Medien und Methoden. Ist die Programmierte Unterweisung beispielsweise eine Methode und das Buch das Medium, oder kann man die Programmierte Unterweisung als eigenständiges Medium auffassen, wie es damals einige Autoren machten? Oder wie muss man die Gruppenübung bezeichnen, ist sie ein Medium oder eine Methode? In dem erwähnten Buch (Martens, 1976) hat sich der Autor dieser Diskussion entzogen, indem er Medien und Methoden als die »Werkzeuge« der Trainer (Dozenten, Lehrer) definierte, die man den Lernzielen gegenüber stellen musste, um die ideale Auswahl treffen zu können und so einen optimalen Medien- und Methodenmix zu finden. Der Autor legte also seinen Überlegungen die Metapher zugrunde, dass jedes Projekt im Bereich der Aus- und Weiterbildung wie ein handwerklicher Auftrag angesehen werden kann. Bevor man entscheidet welche Werkzeuge (Medien und Methoden) man einsetzt, muss man genau bestimmen, was hergestellt werden soll (welche Lernziele erreicht werden sollen).

Warum es eine solche Zuordnung nicht geben kann:
Das Buch war schon fertig und der Autor hatte vielen seiner Kollegen diese Überlegungen vorgestellt (die Teilnehmer der erwähnten Seminare waren in erster Linie Trainer verschiedener Firmen), bevor er zu der Erkenntnis kam, dass die einfache Zuordnung von Medien und Methoden zu verschiedenen Lernzielen grundsätzlich nicht möglich ist und die Überlegungen dazu ein Irrweg darstellen.

Eine einfache, rationale, eindimensionale Zuordnung von Medien/Methoden und Lernzielen ist nicht möglich. Die meisten Lernziele, so zeigte sich in der Praxis, sind so komplex, dass immer (fast) alle Medien/Methoden in Frage kommen. Außerdem spielten – wie schon erwähnt – natürlich bei der Auswahl der Medien und Methoden nicht nur das Lernziel, sondern auch die Merkmale und die Vorerfahrungen der Lernenden und die Situation (die Lernumgebung), in der das Lernen stattfinden soll, eine entscheidende Rolle, wodurch die Komplexität noch erhöht wird. Der Versuch dieses Problem durch sehr spezifische »Feinlernziele« zu lösen, erwies sich in der Praxis als nicht durchführbar.

Das Hauptargument, das gegen eine einfache Zuordnung von Medien/Methoden und Lernzielen spricht, ist aber folgendes: Wichtig und entscheidend für die Wirkung der Medien und Methoden bei den Adressaten ist nicht nur und noch nicht einmal primär das Medium selbst[10], sondern die Gestaltung des Mediums im Einzelnen. Wenn man z.B. entscheiden will, ob zur Vermittlung eines bestimmten Lernzieles ein Film oder ein Buch eingesetzt werden soll, kommt es nicht so sehr darauf an, wie die Wirkung des Mediums Film oder Buch generell einzuschätzen ist. Viel wichtiger für die didaktische Wirkung des Mediums ist seine individuelle Gestaltung. Um welche Art von Buch handelt es sich: Sachbuch, Darstellung von Geschichten, mit denen sich der Adressat identifizieren kann usw.? Wie ist das Buch geschrieben, findet sich der Adressat in der Beschreibung wieder, ist er von der Schilderung betroffen, oder betrachtet er das Beschriebene mit Distanz? Oder bezogen auf die Frage des Einsatzes von Film: Um welche Art von Film handelt es sich? Dokumentarfilm, Spielfilm, ein Film, der ein Modell für das gewünschte Verhalten darstellt oder ein Film, der ein Problem schildert, das von den Adressaten gelöst werden soll usw.?

Zusammenfassend kann man also sagen, dass es nicht auf die eingesetzten Medien und Methoden ankommt, sondern darauf, was diese bei

---

[10] s. Marshall McLuhan: »Das Medium ist die Botschaft«, McLuhan, 1967, deutsche Neuauflage: 2009

den Lernenden auslösen und das hängt nicht nur, oft noch nicht einmal primär, von den eingesetzten Medien und Methoden und deren Gestaltung ab, sondern häufig von der Individualität des Lernenden.

Der Versuch, eine direkte und einfache Zuordnung von Lernziel und Medium/Methode zu finden, hat der Autor daher als Irrweg abgetan und es war für ihn im Nachhinein überraschend, dass sein Buch »Praxis des Medienverbunds« und die Kernthesen der vielen Seminare nicht auf heftige Kritik gestoßen sind.

2.3.3 Die Entwicklung komplexer mediengestützter Lehrsysteme

Das Konzept des Medienverbunds:

»Lehrsysteme im Medienverbund« ist ein Begriff, der einen sehr einfachen und vor allem keineswegs neuen Sachverhalt beschreibt: in einem Lehrkonzept werden verschiedene Medien und Methoden eingesetzt. Obwohl Lehrer in der Schulpraxis und vor allem Ausbilder in Betrieben schon immer mehrere Medien und Methoden (z. B. Referat, Diskussion, Tafel, Buch, Wandtafeln bei fortschrittlichen Pädagogen auch Dias und Film usw.) genutzt haben, spricht man von »Medienverbund« erst seit wenigen Jahrzehnten[11]. »Anstoß zu dem Sprung vom sporadischen Einsatz einiger technischer Medien zur Entwicklung von Lehrsystemen, in denen Medien systematisch aufeinander bezogen sind, gab die Entwicklung neuer, vor allen in der Ausbildung brauchbarer technischer Medien« (Martens, 1976, S. 3) vor allem die vorher beschriebenen wie TBS, Video, CBT und WBT.

Weidenmann (1997, S. 406) definiert Medienverbund, indem er auf die »Fülle von Geräten, Hilfsmitteln und technischen Einrichtungen« hinweist, »die in Lehr-/ Lernprozessen in unterschiedlichen Funktionen Verwendung finden. Jene, mit denen lernrelevante Informationen vermittelt werden, bezeichnet man traditionellerweise als Lehr-/ Lernmedien«. »Bei einer abgestimmten Kombination von Medien, wie sie z. B. bei Fernlehrgängen oder bei multimedialen Selbstlehrsystemen in der betrieblichen Bildung üblich ist, spricht man von einem *Medienverbund*«. Diese Definition legt nahe, dass man von Medienverbund nur dann spricht, wenn der Lernende selbstständig lernt (Fernlehr-

---

[11] Der Autor konnte seine 1970 gegründete Firma nur deshalb »Lehrsysteme im Medienverbund« nennen, weil dieser Begriff damals noch völlig unbekannt war. Grundsätzlich darf man seine Fima nicht mit einer Produktbezeichnung (z. B. Vollkornbrot GmbH) bezeichnen.

gänge oder Selbstlehrsysteme). Weiter unten definiert Weidenmann (1997, S. 426) allerding Medienverbund allgemein als »eine didaktisch abgestimmte Kombination von Medien, medialen Lernangeboten und Methoden.« Tietgens (1997, S. 487) schränkt den Begriff Medienverbund ein, indem er darauf hinweist, dass »von Medienverbund in erster Linie dann gesprochen wird, wenn elektronische Medien in das Lehrangebot einbezogen sind.«

In Gegensatz zu Tietgens wird der Begriff Medienverbund hier in dem von Weidenmann zuletzt definierten Sinne gebraucht, wobei der Autor den Aspekt der Praxisnähe und damit des Transfers mit einbezieht (siehe unten).

Wenn auch der Versuch, eine rational begründete Auswahl von Medien und Methoden auf Grund von fein differenzierten Lernzielen und Adressatenmerkmalen zu entwickeln, fehl geschlagen ist, so wurden doch in der Praxis weiterhin Lehrsysteme entwickelt, in denen verschiedene Medien und Methoden miteinander kombiniert wurden und vor allem die sog. neuen Medien (Video, CBT, WBT) eine wichtige Rolle spielten. Die oben beschriebenen Funktionen, die die verschiedenen Medien innerhalb eines Lehrsystems haben können, waren beim Einsatz der Medien eine wichtige Orientierungsgröße. Die Theorie der Medienzuordnung wurde durch die Intuition bzw. die vielfältige didaktische Erfahrung der Konzeptionisten ersetzt, die sie bei der Entwicklung und dem Einsatz von Lehrsystemen im Medienverbund gewinnen konnten.

Nachdem es sich bei den meisten einzelnen Medien, die in einem Lehrsystem miteinander kombiniert wurden, um Lernhilfen handelt, die auf Papier oder anderen Materialen gespeichert und multiplizierbar waren, also im Gegensatz zum »subjektiven« Trainer »objektiv« waren (und in ihrer Wirksamkeit meist einzeln getestet wurden), sprachen wir in der Anfangszeit auch von »objektivierten Lehrsystemen im Medienverbund«. Nachdem in den Lehrsystemen auch der Trainer eine Rolle spielte (wenn sie auch weniger bedeutend war, als in üblichen Seminaren) und andere »subjektive«, wenig planbare Methoden wie Gruppendiskussion und Rollenspiel einbezogen wurden, schwächten wir diesen Begriff ab und sprachen von *teil-objektivierten Lehrsystemen im Medienverbund*.

Unter »teilobjektivierten Lehrsystemen im Medienverbund« wurden demnach Trainingskonzepte verstanden, deren Lehrerfolg weitgehend unabhängig von der pädagogischen Erfahrung und Qualifikation der Trainer ist. Sie wurden für das Training von Mitarbeitern der Firmen konzipiert, die durch angestellte Ausbilder oder Führungskräfte unterwiesen wurden. Diese hatten in der Regel selbst keine pädagogische Ausbildung, ihre Aufgabe war es aber, neue Außendienstmitarbeiter bzw. die eigenen Mitarbeiter in ihren Beruf einzuführen, oder auch nur weiterzubilden. In der Allianz wurde diese Trainingsaufgabe als Entwicklungsaufgabe auf dem Weg zu einer Führungsposition im Außendienst angesehen.

Transfersicherung:
Bei der Entwicklung von Lehrsystemen im Medienverbund wurde besonderer Wert auf ein transferförderndes Lernen gelegt (vgl. Lemke, 1995), da vor allem in der betrieblichen Bildung immer öfter von dem Phänomen berichtet wurde, dass das vermittelte Wissen in der Praxis nicht angewandt wurde. Der Einsatz unterschiedlicher, vor allem auch technischer Medien bei der Konzeption von Lehrsystemen im Medienverbund wurden genutzt, um die von Schaper (2004) vorgeschlagenen Maßnahmenbereiche zur Transfersicherung zu realisieren.

Im Einzelnen zeigt sich das in folgenden organisatorischen und methodischen Regelungen, die als verbindliche, zusätzliche Elemente der vom IWL entwickelten teilobjektivierten Lehrsysteme im Medienverbund betrachtet wurden:

Gestaltung der Lernumgebung: Es werden vielfältig Anwendungskontexte und Anwendungsperspektiven innerhalb des Lehrsystems mit Hilfe der Medien demonstriert. Immer wieder werden konkrete Bespiele aus der Praxis in den Rollenspielen, den Referaten und Lehrgesprächen, vor allem aber auch in den Filmbeispielen dargestellt.

Direkte Anleitung und Unterstützung des Lerntransfers: Nachdem in der betrieblichen Bildung in der Regel auch oder sogar vor allem Praktiker Teilnehmer in den Kursen sind, ist es naheliegend, die Medien, bei denen der Lernende aktiv ist, dazu zu nutzen, um deren Praxiserfahrung zum Gegenstand des Lehrsystems zu machen.

Soziale Einbettung des Lern- und Anwendungsprozesses: Auch in Lehrsystemen im Medienverbund werden durch den Wechsel von Trainingsphasen und Anwendungsphasen weitgehend die Forderungen realisiert, die in diesem Punkt enthalten sind. Die Erfahrungen der Praxisphasen werden im Training (repräsentiert durch entsprechende Medien) wieder aufgenommen und für den Lernprozess genutzt.

2.3.4 Entwicklung von Lehrsystemen im Medienverbund für die Allianz und andere Firmen

Die Philosophie eines Lehrsystems im Medienverbund, dessen Lehr-/Lernerfolg primär auf dem Einsatz von vorgefertigten, schriftlichen und technischen Medien beruht und dessen Einsatz entsprechend der oben beschriebenen Funktionen der Medien aufeinander abgestimmt wird, wurde der Allianz und anderen Firmen angeboten. Das Konzept überzeugte die Auftraggeber und die Firmen des Autors entwickelten bis zum Verkauf der Firma durch den Autor[12] eine große Zahl solcher Lehrsysteme im Medienverbund für verschiedene Firmen, meist große Konzerne. Neben der Allianz Versicherungs-AG waren das die Daimler-Benz-AG, Nordwestlotto, Kaufhof AG und andere Unternehmen.

Das erste Lehrsystem wurde für die Allianz Versicherungs-AG entwickelt und wird hier beispielhaft näher beschrieben:

Ausgangslage: Lernziele, Adressaten, Einsatzbedingungen:

Die Allianz-Versicherungs-AG hat im 1974 dem IWL den Auftrag erteilt, ein Lehrsystem zur Schulung neuer Außendienstmitarbeiter zu entwickeln, deren Lernerfolg weitgehend auf dem Einsatz von Lernmedien basiert. Dadurch sollte erreicht werden, dass der Lernerfolg in den verschiedenen Schulungsorten der Zweigniederlassungen nicht so sehr von der Qualität und der Tagesform der Trainer abhängig ist.

Lernziele: Dem Lehrsystem lag ein ausführlicher Lernzielkatalog zugrunde, der in einer Ausgangsstudie entwickelt und mit Fachleuten und Führungskräften der Allianz in sog. Projektgruppen abgestimmt wurde. In diesem Lernzielkatalog wurde zwischen Richtzielen, Grobzielen und Feinzielen unterschieden und er enthielt neben einer sehr umfangreichen Sammlung von kognitiven auch affektive Lernziele. Diese Lernziele wurden den einzelnen Bausteinen, in denen das Lehrsystem gegliedert war, zur Orientierung der Trainer vorangestellt. Die affektiven Lernziele wurden in der Anfangszeit auch mit dem Vertriebsvorstand der Allianz abgestimmt (Martens, 1975).

Adressaten: Adressaten waren Personen, die sich entschlossen hatten, Versicherungsverkäufer zu werden. Diese Gruppe war hinsichtlich der Vorbildung (vom Versicherungskaufmann bis zu Personen, die keinerlei Vorbildung in Hinblick auf Versicherung hatten), dem Alter (ca. 20 – 45), der Herkunft, dem Geschlecht (Männer waren deutlich in der Überzahl)

---

[12] Von 1974 bis 2005 und darüber hinaus.

und dem Bildungsstand (Grundschul- bis Hochschulabschluss) sehr heterogen.

Die Mehrzahl der Adressaten hatte eine eher skeptische Einstellung gegenüber dem Produkt Versicherung und eine noch skeptischere, wenn nicht ablehnende Einstellung gegenüber dem Versicherungsverkauf, vor allem gegenüber dem Direktverkauf an der Haustüre, der in der Anfangszeit dem Lehrsystem als Regelfall zugrunde gelegt wurde. Die Mehrzahl der Adressaten wurden von den Bezirksleitern, dessen Aufgabe es war, neue Verkäufer zu gewinnen, überredet, es doch einmal zu versuchen, und sie fühlten sich gezwungen, diesen Beruf zu ergreifen, weil sie keine andere Möglichkeit sahen, Geld zu verdienen. Es gab allerdings auch Adressaten, die eine positive Einstellung zu dem Beruf eines Versicherungsverkäufers und zu dem Produkt Versicherung hatten, und die an dem Training teilnahmen, weil sie Karriere im Bereich des Vertriebs eines großen Versicherungsunternehmens, wie der Allianz, machen wollten. Diese waren aber deutlich in der Minderheit.

Einsatzbedingungen: Das Lehrsystem wurde von Trainern durchgeführt, die von dem Autor dieser Arbeit und seinen Mitarbeitern in das Lehrsystem eingeführt wurden. Die Trainings fanden in Hotels statt. Es wurden jeweils Gruppen von ca. 20 Mitarbeitern gebildet. Die Teilnehmer bekamen während der Trainingsphase ein festes Gehalt, das mit den Provisionen aus den Verkaufserfolgen in den Praxisphasen verrechnet wurde. Der Lehrgang 1, um den es hier geht, umfasste drei Wochen, die hintereinander absolviert wurden. Die Teilnehmer übernachteten auch in den Hotels und fuhren nur am Wochenende nachhause.

Das Konzept der Lehrsysteme im Medienverbund für die Allianz:

Wie schon erwähnt, wurde das Lehrsystem von Trainern durchgeführt, die keine pädagogische Vorbildung besaßen. Für diese Trainer wurde von den Firmen des Autors ein Handbuch (Trainerleitfaden) entwickelt in dem der Ablauf des Trainings genau beschrieben war. Die Referate wurden wörtlich ausformuliert (in einigen Ausführungen auch nur in Form von Stichworten angegeben), bei den Lehrgesprächen und Diskussionen wurden die Fragen und die möglichen Antworten dargestellt. Die Aufgaben für Gruppen oder Einzelübungen waren ebenso in dem Trainerleitfaden enthalten und diese Angaben wurden von den Trainern entweder von ihrem Leitfaden auf ein bereitgestelltes Flipchart geschrieben oder als ebenfalls vorhandenes Arbeitsblatt ausgegeben. Darüber hinaus, waren für den Trainer alle eingesetzten Medien vorhanden: die vorgefertigten

Folien, oder die Vorlagen für Folien, die der Trainer selbst vor den Teilnehmern entwickeln sollte, die Tonbildschauen, Filme, DVDs, PUs oder CBTs usw. Die Trainer wurden (in der Allianz mit einer einwöchigen Veranstaltung) mit den Unterlagen vertraut gemacht. In einigen Unternehmen, wie z. B. in der Allianz, wurde die Trainerausbildung noch um weitere Themen ergänzt, die nicht direkt mit dem Umgang des Trainerleitfadens zu tun hatten, sondern die mehr die Fähigkeit im Umgang der Gruppe oder allgemein die Persönlichkeit des Trainers entwickeln sollten.

Das Ziel des Einsatzes solcher »teilobjektivierten Lehrsysteme im Medienverbund« bestand für die Allianz darin, dass die Ausbildung der neuen Versicherungsvertreter an den verschiedenen Trainingsstandorten der Zweigniederlassungen und Betriebsgemeinschaften in Deutschland einheitlich erfolgte. Durch den umfangreichen Einsatz objektivierter Medien wie Programmierte Unterweisung, Tonbildschau und Film und durch einen fein ausgearbeiteten Trainerleitfaden, in dem der gesamte Ablauf des Trainings vorformuliert war, konnte erreicht werden, dass die Ausbildung an den verschiedenen Trainingsstandorten sich dermaßen ähnlich war, dass einzelne Teilnehmer die Zweigniederlassung während der Ausbildung ohne Probleme wechseln konnten.

Hier kann nicht auf alle unter der Leitung des Autors entwickelten Lehrsysteme im Medienverbund eingegangen werden. Als ein Beispiel wird der Grundkurs zur Ausbildung neuer Außendienstmitarbeiter für die Allianz das »Allianz Lehrsystem im Medienverbund« (ALM) näher beschrieben, dessen erste Fassung 1976 fertiggestellt und das erste Mal eingesetzt und in den folgenden Jahren immer wieder überarbeitet wurde. Dieses Lehrsystem war in sieben Trainingszentren über ganz Deutschland verteilt im Einsatz. Die Überarbeitungen geschahen kontinuierlich aufgrund der fachlichen Neuerungen, die oft mehrmals im Jahr einen »Änderungsdienst« erforderten oder nach mehreren Jahren methodisch, wenn didaktische Neuerungen, neue Konzepte oder neue Medien in das Lehrsystem integriert werden sollen. (Das Lehrsystem war bei der Beendigung der Arbeit des Autors für die Allianz im Jahre 2006 noch im Einsatz.)

Realisierung am Beispiel des ALM
Hier folgt eine kurze Darstellung einzelner Elemente des ersten dreiwöchigen Seminarblockes (Lehrgang I) des Allianz Lehrsystems im Medienverbund (ALM). Der Autor bezieht sich dabei auf die folgenden unveröffentlichten Unterlagen der Allianz vom ersten Grundkurs. Die entsprechenden Texte stammen alle von dem Autor der vorliegenden Ar-

beit oder wurden unter seiner Führung und nach seinem Konzept von seinen Mitarbeitern entwickelt:
Die Titel aller Bände lautete: »ALM. Allianz Lehrsystem im Medienverbund.

Lehrgang 1: Die Allianz-Außendienst-Ausbildung«:
- Studie zur fachlichen Grundausbildung der Allianz-Außendienst-Ausbildung im ersten Jahr (1975).
- Lehrsystem-Struktur (1976a).
- Trainerleitfaden: 1. Woche (1976b)
- Trainerleitfaden: 2. Woche (1976c)
- Trainerleitfaden: 3. Woche (1976d)
- Programmierte Unterweisungen zum Lehrgang 1 des ALM (1976e)
- Drehbücher der Filme und Tonbildschauen (1976f)
- Untersuchungsergebnisse: Bericht zur Vergleichsuntersuchung altes Lehrsystem gegen Allianz Lehrsystem im Medienverbund ALM I (1977).

Das Lehrsystem gliederte sich inhaltlich in drei Bereich: »Verkauf« (Wie verkauft man Versicherungen?), »Leben« (Was versteht man unter einer Lebensversicherung und welches sind die wichtigsten Tarife der Allianz?) und »Unfall« (Was versteht man unter einer Unfallversicherung und welches sind die wichtigsten Unfalltarife?).
    Die drei Wochen waren so aufgebaut, dass zuerst die wichtigsten Inhalte zum Thema Lebensversicherung und anschließend zum Thema Unfallversicherung vermittelt wurden. Das Thema Verkauf gliederte sich nach den Phasen des Verkaufsgesprächs (von der Kontaktaufnahme bis zum Abschluss), mit Themen wie Bedarfsermittlung, Bedarfsdemonstration, Einwandbehandlung, Preisargumentation u. a. In der Regel wurde am Vormittag die Fachinhalte vermittelt, während am Nachmittag das Thema Verkauf behandelt wurde. Die drei Wochen wurden mit ausführlichen Verkaufs-Rollenspielen abgeschlossen, die mit Video aufgezeichnet und anschließen analysiert wurden.

Technische Lernhilfen:
Bereits bei der ersten Fassung des ALM (1976) wurde großer Wert darauf gelegt, dass die Lernenden individuell in ihrem eigenen Tempo und Lernrhythmus sich die notwendigen Inhalte aneignen konnten. Das Mittel der Wahl war zu dieser Zeit die Programmierte Unterweisung. Alle Fakten, die im Laufe des Trainings gelernt werden mussten, wur-

den in Form von Programmierten Unterweisungen dargestellt, die die Lernenden zu denen ihnen gemäßen Zeiten durcharbeiten konnten. Das Erreichen der kognitiven Ziele wurde mit Tests überprüft.

Als die Computer Einzug in die Berufswelt fanden, war es naheliegend, das Vermitteln von Fakten dem vom Computer gesteuerten Bildschirm zu überlassen. Es wurden Computer Based Trainings (CBTs) entwickelt. Hinsichtlich der Unterscheidung von Back, Seufert und Kramböller (1998) in distributive, interaktive und kollaborative Technologien kann man feststellen, dass im ALM die computerbasierten Lerntechnologien von Anfang an als interaktive Medien gesehen wurden. Später wurden kollaborative Technologien, bei dem das kooperative Lernen und der Wissens- und Erfahrungsaustausch zwischen den Lernenden unterstützt wird, die räumlich und zeitlich getrennt voneinander an dem Prozess des gemeinsamen Lernens beteiligt sind, diskutiert.

Nachdem sich die Technik (vor allem die Speichermedien) so weit entwickelt hatten, dass man auch bewegte Bilder in die Programme einbeziehen konnte, war es naheliegend und entsprach dem didaktischen Konzept des ALM, dass man diesem Medium nicht nur kognitive Lernziele überließ, sondern diesem Medium auch die Vermittlung einer Reihe von affektiven Lernzielen übertrug. Darüber wird weiter unten näher zu berichten sein. Die systematische Verbindung von personalen Medien wie Referat, Diskussion, Rollenspiel usw. mit dem Lernen vom Bildschirm (später »Blended Learning« genannt) wurde in dem Programm realisiert. In dem Jahr, in dem der Autor aus dem Projekt ausschied, wurde diskutiert, inwieweit das interne Datenverarbeitungssystem (Intranet) und das WEB (Internet) in den Lernprozess einbezogen werden konnte.

Neben den individuellen Lernhilfen zuerst durch Bücher und später durch CBT bzw. WBT und Blended Learning wurden im Training visuelle Hilfsmittel eingesetzt. Zuerst waren es vor allem die Tonbildschauen, die für eine ansprechende Visualisierung und das Einbeziehen von Emotionen sorgten. Dann übernahmen Super8 Film, Video und später die DVD diese Aufgabe. Mit diesen Medien konnten dann auch Rollenmodelle (Bandura, 1977a) und konkrete Praxisprobleme realitätsnah dargestellt werden. Mit Hilfe eines Videorecorders wurden auch die Rollenspiele aufgezeichnet und anschließend am Bildschirm analysiert.

Ergebnisse der Evaluation:
Die erste Fassung des ALM wurde einer ausführlichen Evaluation und Erfolgskontrolle unterzogen. Hier wird auf den Band »Untersuchungsergebnisse« (Martens, 1977) verwiesen. Durch einen glücklichen Um-

stand konnte das neue Lehrsystem (ALM) mit dem alten Lehrkonzept in seinen Ergebnissen methodisch einwandfrei verglichen werden. Einige Zweigniederlassungen und Betriebsgemeinschaften zweifelten daran, dass das neue Lehrsystem rechtzeitig einsatzbereit sein und auch funktionieren würde. In den entsprechenden Bundesländern wurde daher noch mit dem alten Lehrsystem trainiert.

Im ersten Halbjahr wurde also mit dem alten und dem neuen Lehrsystem parallel trainiert, wobei sich die Zweigniederlassungen und Betriebsgemeinschaften, die mit dem alten System trainierten, in keinem Punkt grundsätzlich von denen unterschieden, die das neue ALM zur Anwendung brachten.

Das Konzept des IWL (das ALM) unterschied sich von der herkömmlichen Ausbildung vor allem durch folgende Merkmale:

- Es wurden audiovisuelle Medien wie Film und Tonbildschau eingesetzt.
- Es wurden vermehrt aktivierende Methoden wie Programmierte Unterweisungen, Gruppenübungen, Rollenspiel und Fallstudien genutzt.
- Es wurden affektive Lernziele formuliert, die auch durch den Einsatz der oben geschilderten Medien und Methoden konsequent vermittelt wurden (auf die Vermittlung der affektiven Lernziele und die gewonnenen Ergebnisse wird weiter unten unter 2. näher eingegangen).

Beide Lehrsysteme unterschieden sich also nur hinsichtlich der didaktischen Konzeption und dem Einsatz entsprechender Medien und Methoden. Die Inhalte und damit auch die kognitiven Lernziele und die Lernzeit (drei Wochen) waren identisch. Ebenso waren die Trainer vergleichbar.

Die Ausbilder, die mit dem ALM trainierten, waren bei dem ersten Einsatz des ALM, auf den sich die Evaluation bezog, nur kurz in das ALM eingeführt worden und diesem Lehrsystem gegenüber in der Anfangszeit durchaus kritisch eingestellt. Man bemängelte, dass die »pädagogische Freiheit« für den Trainer beim ALM verloren geht und man sich dadurch nicht mehr so gut auf die Teilnehmer einstellen kann. Später entdeckten dann die Trainer, dass sie in dem neuen Lehrsystem von Routinetätigkeiten entlastet wurden, dass sie sich nicht mehr so ausgiebig vorbereiten mussten und daher eher noch mehr auf die individuellen Bedürfnisse der Teilnehmer eingehen konnten.

Aufgrund der Vermittlung der kognitiven Inhalte durch didaktisch besonders wirksame Medien wie Tonbildschau und Programmierte

Unterweisung gelang es, den Stoff in kürzerer Zeit als im alten Lehrsystem zu vermitteln. Die eingesparte Zeit wurde für die Vermittlung der affektiven Lernziele verwendet (z. b. in erster Linie eine positive Einstellung zum Versicherungsverkauf und zum Versicherungsverkäufer, zum Produkt und zu den Kunden).

Die Evaluation des Lehrsystems ergab eine Überlegenheit des ALM gegenüber dem alten Lehrsystem auf allen Ebenen (s. Abb. 2: Die drei Ebenen des Lernerfolgs). Kognitive Tests zeigten bessere Kenntnisse und ein tieferes Verständnis für die Zusammenhänge bei den Teilnehmern des ALM. Einstellungstests (Einstellungsfragebogen und projektive Tests) zeigten eine Verbesserung der Einstellung durch das ALM zum Versicherungsverkauf, zu den Produkten und zum Kunden, während sich die Einstellungen der Teilnehmer des alten Lehrsystems nicht veränderten.

Eine Veränderung auf der Verhaltensebene wurde von einigen Führungskräften auch beobachtet – und z. T. kritisiert, da die positivere Einstellung zum Beruf des Versicherungsverkäufers und damit ein positiveres Selbstbild dazu führte, dass die neuen Mitarbeiter Verbesserungsvorschläge machten und entsprechende Wünsche an ihre Vorgesetzten richteten. Die Vorgesetzten hielten ein solches Verhalten als »unangebracht« und wiesen darauf hin, dass es sich immerhin um Anfänger handelte, die erst einmal zeigen sollten, was sie können, bevor sie sich in dieser Form hervortun. Allerdings konnten die beobachteten Verhaltensänderungen nicht systematisch und statistisch gesichert ausgewertet werden.

Auf der Ebene der »Leistung«, also dem Verkaufserfolg, der durch das ALM ausgebildeten Versicherungsverkäufer zeigt sich, dass diese im Durchschnitt im ersten halben Jahre 10-25% mehr verkauften als die Teilnehmer des alten Lehrsystems. Auch diese Zahlen konnten nicht systematisch erfasst werden, da der Auftraggeber nach Bekanntwerden dieser Unterschiede den an der Untersuchung beteiligten Mitarbeitern untersagt hat, weiter danach zu fragen, bzw. die entsprechenden Stellen angewiesen hat, die Zahlen nicht mehr herauszugeben.

Das »Lehrsystem im Medienverbund« war während der Entwicklungsphase im Kreis der Trainer nicht unumstritten. Man hatte das Gefühl, dass man zu wenig Einfluss auf das Trainingsgeschehen hat, da man sich an den Trainerleitfaden halten musste und dass dadurch die Akzeptanz der Trainer bei den Teilnehmern und die Zufriedenheit der Teilnehmer leiden würde. Einer der Trainer hat bei dem ersten Einsatz des Lehrsystems in der ersten Woche »Dienst nach Vorschrift« gemacht, indem er den Trainerleitfaden wörtlich vorgelesen hat und oft auch die Bemerkung »hier steht« gebraucht hat. Die Reaktion der Teilnehmer hat allerdings darunter nicht gelitten. Die Akzeptanz der Medien (vor allem der Filme und der Tonbildschauen, aber auch der Programmierten Unterweisungen) war so groß, dass die Zufriedenheit der Teilnehmer mit dem Lehrsystem, die täglich mit einem Stimmungsbarometer gemessen wurde, sehr hoch war. Dabei unterschieden die Teilnehmer nicht zwischen den Medien und dem Trainer. Das Lehrsystem wurde offensichtlich als Ganzes wahrgenommen und so waren die Teilnehmer auch mit dem Trainer sehr zufrieden, was sie ihm rückmeldeten. Das motivierte den Trainer so sehr, dass er sich auf die zweite Woche vorbereitete, nicht mehr vorlas, sondern weitgehend frei redete und ab diesem Zeitpunkt auch im Training den Eindruck vermittelte, dass er auch persönlich hinter den dort gelehrten Inhalten steht. Entsprechende Erfahrungen wurden so detailliert nur bei einem Kurz beobachtet. Der Effekt war jedoch auch bei den meisten anderen Kursen festzustellen. Das lag sicher auch daran, dass die Trainer die Gelegenheit hatten, ihre Erfahrungen bei entsprechenden Treffen auszutauschen.

Noch weiter auf die Evaluation des ALM einzugehen, würde den hier gesetzten Rahmen sprengen. Der Autor verweist auf die entsprechenden Veröffentlichungen (s. u. a. Martens, 1998a, S. 230–277 und »Bericht zur Vergleichsuntersuchung ›altes Lehrsystem‹ gegenüber ›Allianz Lehrsystem im Medienverbund ALM‹«, Allianz-intern veröffentlicht 1977).

Näher ausgeführt hat der Autor die hier dargestellten Prinzipien vor allem in:

Martens, J. U. (1976). *Praxis des Medienverbundes. Ein Handbuch für Ausbilder, Dozenten und Trainer in Wirtschaft und Verwaltung.* Stuttgart: Deutsche Verlagsanstalt. Nachdruck (1978) Wiesbaden: Gabler Verlag

und

Martens, J. U. (1998a). *Verhalten und Einstellungen ändern. Veränderung durch gezielte Ansprache des Gefühlsbereichs. Ein Lehrkonzept für Seminarleiter.* (4. überarbeitete Auflage). Hamburg: Windmühle.

2.3.5 Das Konzept des Medienverbundes und die Folgerungen für die betriebliche Weiterbildung.

Der durch einen Trainerleitfaden festgelegte, geplante Einsatz unterschiedlicher Medien und Methoden, vor allem audiovisueller und elektronischer Lehrmittel, hat sich in den Untersuchungen des Autors bewährt.

Folgende Vorteile gegenüber trainerzentrierten Seminaren konnten festgestellt werden:

- Der Trainer übernimmt in einem Lehrsystem im Medienverbund nicht mehr primär die Rolle des Stoff-Vermittlers, sondern er ist eher Organisator des Lernprozesses. Der Lernerfolg ist damit nicht mehr so sehr von der Qualifikation und der Vorbildung des Trainers abhängig. Auch didaktisch-methodisch kaum geschulte Ausbilder, die keine Spezialisten in dem jeweils zu vermittelnden Fachgebiet sind, können gute Lernergebnisse erzielen.

- Der Lernerfolg kann durch eine entsprechende Gestaltung der Lernmedien besonders hoch sein. Der Lernstoff wird vor allem durch Broschüren oder elektronische Medien vermittelt, deren Wirksamkeit gesondert getestet und auf Grund der Ergebnisse optimiert werden kann.

- Die Trainer sind von Routineaufgaben, wie die wiederholte Präsentation des immer gleichen Vortrags (bei großen Konzernen alle drei Monate oder öfter) entlastet. Sie können sich mehr um die individuellen Probleme der Teilnehmer kümmern. Die Motivation der Referenten – so hat die Erfahrung gezeigt – ist durch die positive Reaktion der Teilnehmer auf das Training insgesamt gewährleistet.

Der erhebliche Aufwand, der mit der Entwicklung solcher Lehrsysteme im Medienverbund verbunden ist, setzt große Teilnehmerzahlen voraus. Die Firma des Autors hat solche Lehrsysteme vor allem für große börsennotierte Aktiengesellschaften entwickelt. Es wäre zu diskutieren, ob die gemachten Erfahrungen nicht auch über die betriebliche Aus- und Weiterbildung hinaus genutzt werden können.

2.4 Emotionsbasierte Lernumgebungen

Die emotionsbasierten Lernumgebungen stellen den wichtigsten Abschnitt dieser Ausführungen dar. Um diesem Thema näher zu kommen, werden zunächst einige Aspekte des komplexen, nicht unproblematischen Begriffs der Emotion dargestellt (2.4.1). Anschließend wird erörtert, welche Bedeutung dieser Begriff in der betrieblichen Aus- und Weiterbildung hat, hierbei wird auch der Begriff der affektiven Lernziele aufgegriffen und erläutert (2.4.2). Im Gegensatz zur Praxis der betrieblichen Bildung findet man den Begriff der affektiven Lernziele in der Pädagogik nur sehr selten. Es werden möglich Gründe diskutiert, warum das der Fall ist (2.4.3). In dem nächsten, zentralen Kapitel dieses Abschnitts wird dann der Versuch gemacht, eine Didaktik affektiver

Lernziele zu entwickeln (2.4.4), wobei in dem anschließenden Kapitel die theoretischen Grundlagen dazu, das Konzept der Verhaltenssteuerung durch Wertung näher erläutert werden (2.4.5). Wie die Umsetzung dieser Didaktik affektiver Lernziele in der Praxis aussieht, wird in dem anschließenden Kapitel an drei Beispielen dargestellt (2.4.6). In den folgenden zwei Kapiteln dieses Abschnitts werden die Berührungspunkte der Vermittlung affektiver Lernziele mit der PSI-Theorie von Kuhl (2.4.7) und die neueren Erkenntnisse der Hirnforschung und ihre Bedeutung für die Vermittlung affektiver Lernziele (2.4.8) dargestellt. Abgeschlossen wird dieser Abschnitt, wie die vorhergehenden mit einer Erwähnung der Bücher, die den größten Einfluss auf den Autor bezüglich dieses Abschnittes hatten (2.4.9).

2.4.1 Der Begriff der Emotionen

Unter Emotion verstehen wir hier »ein komplexes Interaktionsgefüge subjektiver und objektiver Faktoren, das von neuronal/hormonalen Systemen vermittelt wird, die (a) affektive Erfahrungen, wie Gefühle der Erregung oder Lust/Unlust, bewirken können; (b) kognitive Prozesse, wie emotional relevante Wahrnehmungseffekte, Bewertungen, Klassifikationsprozesse, hervorrufen können; (c) ausgedehnte physiologischen Anpassungen an die erregungsauslösenden Bedingungen in Gang setzen können; (d) zu Verhalten führen können, welches oft expressiv, zielgerichtet und adaptiv ist«. (Kleinginna & Kleinginna, 1981, S. 355, zitiert nach Mandl & Euler, 1983, S. 7f). Emotionen rufen also affektive Erfahrungen und kognitive Prozesse hervor. Die Beeinflussung dieser emotionalen Reaktion auf die Wahrnehmung wird hier als »affektives Lernziel« bezeichnet.

Hinsichtlich der Abgrenzung von Denken und Fühlen wird hier Kuhl (2001, S. 125) zitiert: »Mit dem ›Denken‹ sind in erster Linie bewusstseinsnahe, typischerweise verbalisierte, logische Sequenzen von Operationen gemeint, die zur Planung antizipierter Handlungen eingesetzt werden können. Der Begriff des ›Fühlens‹ beschreibt eine hochinferente, aber implizite (d.h. nicht vollständig explizierbare) Wissensform, die ausgedehnte, strukturierte Netzwerke von Erlebnis- und Wissensbeständen aus verschiedenen Systemen konfiguriert, einschließlich der mit ihnen assoziierten Affekte und Emotionen (sog. Wissens- und Erlebnislandschaften).«

Daraus wird deutlich, dass der Prozess des Lernens nicht nur den kognitiven Bereich umfasst, und dass damit im Prozess des Lehrens auch die »implizite Wissensform, die ausgedehnte, strukturierte Netzwerke von Erlebnis- und Wissensbeständen aus verschiedenen Systemen konfiguriert,« beeinflussen muss, wobei das nicht nur implizit und intuitiv geschehen sollte, wie das bei allen guten Pädagogen der Fall ist, sondern Gegenstand von rationaler Planung und bewusster Steuerung des pädagogischen Prozesses sein kann und sein sollte. Denn Emotionen sind nicht nur Begleitphänomene, sondern sie »beinhalten immer bestimmte Handlungsoptionen, die bereits in dem Emotionsbegriff implizit enthalten sind« (Kuhl, 2001, S. 619; s. a. Frijda, 1986). Allerdings weist Kuhl darauf hin, dass »die funktionsanalytische Bedeutung von Emotionsbegriffen nicht immer unabhängig vom Kontext beurteilt werden kann« (ebd. S. 619). Welche Handlungskomponente beispielsweise »Freude« beinhaltet, ist wesentlich von der Situation abhängig, in der Adressat Freude erlebt, aber ebenso, vielleicht sogar noch mehr, von der »inneren Situation«, d. h. von dem Wertegerüst, das diese Person aufgebaut hat und von der momentanen Befindlichkeit, die in der Person vorherrscht. Hierbei sei an das Modell des »inneren Teams« von Schulz von Thun (1998) erinnert, das davon ausgeht, dass fast immer mehrere Gefühle und damit Handlungstendenzen in einem wirksam sind und diese miteinander im Widerstreit liegen können.

Emotionen und damit affektive Lernziele spielen in der betrieblichen Aus- und Weiterbildung – wie in jedem pädagogischen Prozess – eine herausragende Rolle, obwohl sie in der Diskussion von didaktischen Modellen eher vernachlässigt werden.

Emotionen als eine vom Lernprozess abhängige und unabhängige Variable:
Grundsätzlich unterscheidet man die Emotionen, die unabhängig vom Lernprozess sind, ihn aber in jedem Fall beeinflussen (unabhängige Variable), von denen, die vom Lernprozess (intendiert oder akzidentell) beeinflusst werden (abhängige Variable). Zum Thema Emotionalität in der Bildung allgemein und in der betrieblichen Bildung im Besonderen – man spricht auch vom »affektiven Lernen« – kann man also zwei Aspekte unterscheiden:

Da gibt es zunächst die Emotionen oder die emotionale Befindlichkeit, die die Adressaten in den Ausbildungsprozess mitbringen: ihre momentanen Stimmungen. Sie werden von der individuellen Situation (inklusive seiner in ihm nachwirkenden Vergangenheit), in der sich der Adressat befindet (z. B. dass er seit länger Zeit arbeitslos ist oder, dass man ihm von Jugend an vermittelt hat, er sei den Anforderungen nicht gewachsen usw.) und von den Gegebenheiten des Trainingsumfeldes (z. B. die Zahl der Teilnehmer, die Stimmung unter den Teilnehmern, das Hotel usw.) beeinflusst.

Emotionen haben immer eine wichtige Bedeutung beim Lernen, wobei man die Emotionen beim Lernenden, beim Lehrenden und die gemeinsame Stimmung trennen kann. »Denken und Lernen ist in Emotionalität eingebettet, ohne Emotionen ist kein Bildungsprozess denkbar, Emotionen ermöglichen und blockieren Lernprozesse.« (Siebert, 2009, S. 145)

Zum anderen gibt es die von Emotionen bestimmten Reaktionen auf bestimmte Wahrnehmungen, die durch das Training möglichst dauerhaft vermittelt bzw. verändert werden sollen, die »affektiven Lernziele«. Es handelt sich um die Veränderung der emotionalen Reaktionen der Lernenden auf innere und äußere Reize.

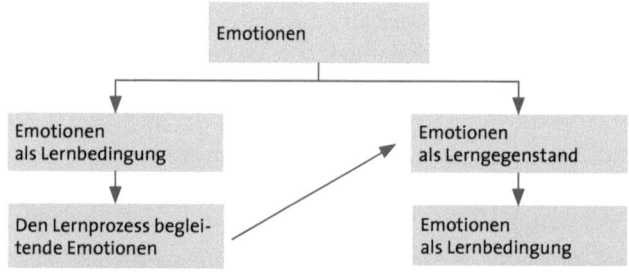

Abb. 4: Unterschiedliche Funktionen von Emotionen beim Lernen

Beide Bereiche der Emotionen müssen bei der didaktischen Konzeption von Trainingsinterventionen berücksichtigt werden. Die emotionalen Befindlichkeiten, die den Adressaten in der Trainingssituation beeinflussen, müssen, wenn sie eine größere Gruppe betreffen, in die Adressatenanalyse eingehen und es werden daraus affektive Lernziele für das Training abgeleitet werden, wenn sie das Training behindern oder das Erreichen des Lernziels (des gewünschten Verhaltens in einer bestimmten Situation) beeinflussen. Wenn es Emotionen sind, die nur einzelne Adressaten betreffen, dann werden diese in der Regel vernachlässigt, es sei denn die betreffende Person stört den Lernprozess der Gruppe. Dann ist es die Aufgabe des Trainers, darauf einzugehen und sie bei seinen Interventionen zu berücksichtigen.

Die Vermittlung affektiver Lernziele soll in dieser Arbeit im Vordergrund stehen. Es wird also hier diskutiert werden, ob und wie es möglich ist, die emotionsbasierten Verhaltensweisen möglichst dauerhaft so zu verändern, dass das Erreichen der als Ziel definierten Leistungen, bzw. die daraus abgeleiteten Verhaltensweisen von den Adressaten dauerhaft erreicht werden.

Nachdem es hier um dauerhafte Veränderung von Verhalten geht, das auf einer gefühlshaften Bewertung von inneren und äußeren Wahrnehmungen beruht, spielt der Begriff der Einstellung eine herausragende Rolle. Einstellungen definieren wir hier als »gefolgerte Grundlagen von beobachteter Gleichförmigkeit des Verhaltens eines Individuums. Man sieht in den Einstellungen überdauernde Systeme positiver oder negativer Wertschätzung, Gefühle oder Handlungs- und Wahrnehmungstendenzen gegenüber Objekten, Personen oder Personengruppen« (Martens & Kuhl, 2011, S. 90; Martens, 1998a, S. 117). Einstellungen haben immer eine kognitive und eine affektive (emotionale) Komponente und stellen somit einen Sonderfall der affektiven Lernziele bzw. der Beeinflussung von Emotionen dar. Weiter unten (unter 2. 4. 3) wird auf die Veränderung von Einstellungen näher eingegangen.

2.4.2 Die Bedeutung der Emotionen allgemein und der affektiven Lernziele im Besonderen in der betrieblichen Weiterbildung

2.4.2.1 Die Schwierigkeiten der begrifflichen Präzisierung von Emotionen und ihre eingeschränkte Wissenschaftlichkeit

Nicht ohne Grund hat der Behaviorismus davon Abstand genommen, die Emotionen als Gegenstand der wissenschaftlichen Betrachtung zuzulassen. Auch Euler & Mandl (1983, S. 5) stellen fest: »Emotionen gehören zu den meist umstrittenen Phänomenen in der Psychologie«. Emotionen sind etwas sehr Subjektives, man kann sie kaum »objektivieren«, d. h. eine intersubjektive Übereinstimmung über die genaue Bedeutung des Begriffes Emotion z. B. in Abgrenzung zu Affekt, Stimmung, Gemütsbewegungen, Gemütszustände, Leidenschaften, Erregung usw. oder eine objektive Präzisierung einzelner Gefühle wie z. B. Trauer, Bewunderung, Angst, Ehrfurcht usw. herstellen.

Für den Einzelnen und damit auch für den Adressaten einer Schulungsmaßnahme gibt es grundsätzlich vier Erscheinungsformen von Emotionen:

(1) Die subjektiven Äußerungen, das eigentliche Gefühl: jemand äußert z. B., dass er traurig ist, allerdings sind uns nicht alle Gefühle immer bewusst und auch wenn wir sie in uns ahnen, können wir sie oft nicht befriedigend benennen oder beschreiben.

(2) Der Einfluss auf kognitive Prozesse: Gefühle zeigen sich in der Beeinflussung kognitiver Prozesse, wie der Wahrnehmung, Bewertung bzw. Beurteilung einer Situation.

(3) Die physiologischen Veränderungen, die neurophysiologischen Symptome: Herzfrequenz, Blutdruck und Hautwiderstand ändern sich, allerdings gibt es Gefühle, denen man keine physiologischen Veränderungen zuordnen kann. In neuerer Zeit gewinnen durch die bildgebenden Verfahren, mit denen man Aktivitäten im Gehirn sichtbar machen kann, neuronale Veränderungen im Gehirn eine wichtige Rolle bei der Erforschung der Emotionen. (Auf die im Zusammenhang mit affektiven Lernzielen wichtigsten Ergebnisse der Hirnforschung wird unter näher eingegangen.)

(4) Bestimmte Verhaltensweisen, der motorische Ausdruck: jemand bewegt sich betont langsam und lässt den Kopf hängen, allerdings gibt es Gefühle wie z. B. Ehrfurcht, die im Verhalten nicht oder nur sehr schwer zu beobachten sind.

Man geht davon aus, dass es sich dabei um vier Erscheinungsformen des gleichen Phänomens handelt, das man also nicht direkt beobachten und damit erforschen kann, sondern dem man sich nur indirekt nähern kann, indem man Indizien beobachtet und von diesen auf Dahinterliegendes schließt. Damit sind Emotionen hypothetische Konstrukte.

Scherer (1990, S.3) weist darauf hin, dass Emotionen Prozesse darstellen, an denen jeweils verschiedene Reaktionskomponenten oder -modalitäten beteiligt sind. »Es wird übereinstimmend angenommen, dass zum Zustandekommen und Ablauf emotionaler Prozesse sowohl subkortikale als auch kortikale Verarbeitungsmechanismen externer oder interner Reizung, neurophysiologische Veränderungen, motorischer Ausdruck, Motivationstendenzen und Gefühlszustände beitragen. Die Existenz dieser Komponenten scheint unbestritten, obschon einige Theoretiker die ›kognitive‹ Komponente vorwiegend für das *Entstehen* von Emotionen verantwortlich machen und von einer eigentlichen emotionalen ›Reaktionstrias‹ (i. e. neurophysiologische Symptome, motorischer Ausdruck und Gefühl) abgrenzen.«

Das eben Gesagte gilt für Emotionen in gleicher Weise wie für alle Phänomene, die man als »gefühlshaft« bezeichnen kann, bei denen also

Gefühle einen wesentlichen Bestandteil bilden wie z. B. Einstellungen, Werthaltungen, Motive oder Affekte. Nachdem Emotionen nicht direkt beobachtbar sind und es große Schwierigkeiten bei ihrer Präzisierung gibt, ist es nicht verwunderlich, dass viele Wissenschaftler (und Pädagogen) diesem Bereich eher den Rücken zuwenden. Andererseits ist es unbestritten, dass Gefühle unser Verhalten beeinflussen und somit als »intervenierende Variable« nicht vernachlässigt werden dürfen. »Triebe, Motivation, Konationen, Emotionen und libidinöse Energien funktionieren (in den verschiedenen theoretischen Systemen der Psychologie) als die aktivierenden Agentien; während kognitive Systeme (cognitive maps), assoziative Tendenzen und Gewohnheitsstärken im Zusammenhang mit inneren und äußeren Reizen als lenkende und die Richtung bestimmende Agentien fungieren« (Brown, 1961, S. 58).

Der Unterscheidung zwischen Affekten und Emotionen kommt eine besondere Bedeutung zu, da es sich eingebürgert hat, von affektiven Lernzielen zu sprechen. Offensichtlich gibt es hinsichtlich der Emotionen in der Bildung eine Reihe von Missverständnissen, die weitgehend mit dem undifferenzierten Umgang mit den Begriffen zu tun hat:
Der von Krathwohl, Bloom & Masia (1964) geprägte Begriff »Educational objectives: Affective domain« wurde im Deutschen verkürzt in »affektive Lernziele« übersetzt. Dieser Begriff legt nahe, dass es um Affekte geht. Hierbei handelt es sich allerdings um eine Ungenauigkeit der Übersetzung. Gemeint sind Lernziele, die sich auf eine von Emotionen (mit-)bestimmte Reaktion auf bestimmte Reize beziehen.
Unter Affekten werden »extreme Erregungszustände« verstanden, »in denen das Handeln außer Kontrolle gerät« (Oerter, 1975, S. 15), wie z. B. Wut oder Ekstase (Lersch, 1964), aber auch Angst und Leidenschaft. Unter Emotion wird dagegen die Gesamtheit dessen verstanden, was als »Gefühl« oder »Gefühlsregung« bezeichnet wird. Im Gegensatz zur Unterscheidung von »Affekt« und »Emotion« stellt Oerter (1975, S. 16) fest, dass »emotional und affektiv als Adjektive synonym gebraucht werden«. Obwohl der Begriff »affektive Lernziele« nach Meinung des Autors eine unglückliche, zu manchen Missverständnissen Anlass gebende Übersetzung darstellt, wird dieser Begriff hier verwendet, da er sich in der Literatur allgemein durchgesetzt hat.
Ein für die Vermittlung affektiver Lernziele wichtiger Befund hinsichtlich der Unterscheidung von Emotionen und Affekten sei hier noch erwähnt (Öhmann et al., 1998, zitiert nach Kuhl, 2001, S. 620):
Es gibt eine Form der Konditionierung von Affekten, wie z. B. Furcht,

in der die Verbindung zwischen bestimmten Objekten und der affektiven Reaktion bewusst und durch explizite Erwartungen modifizierbar ist, während bei einer anderen Form der Konditionierung keine bewusste Repräsentation vorliegt und daher auch keine kognitive Beeinflussbarkeit möglich ist. »Die erste Form entspricht dem Emotionsbegriff (...), während die zweite Form den Affektbegriff betrifft« (Kuhl, a. a. o.). (Auf die Konditionierung im Zusammenhang mit affektiven Lernzielen wird unter dem Begriff »Signallernen« im Kapitel näher eingegangen.)

2.4.2.2 Die Bedeutung der Emotionen beim Lernen

Wenn man davon ausgeht, dass Gefühle das Verhalten beeinflussen, dann muss noch geklärt werden, ob das von Gefühlen veranlasste Verhalten gelernt wurde, bzw. durch Lernprozesse verändert werden kann. Nach allem, was wir heute über dieses Phänomen wissen, scheint es so zu sein, dass die Gefühlsvielfalt weitgehend auf angeborenen Grundlagen beruht, die sich im Laufe der Reifung ausdifferenzieren (Differenzierungshypothese von Bridges, 1932). Wichtiger aber ist die Frage, durch welche inneren und äußeren Wahrnehmungen die entsprechenden Gefühlreaktionen ausgelöst werden. Diese Verbindung ist weitgehend gelernt. Auch Schneider & Dittrich (1990, S. 46) weisen darauf hin, dass »die emotionalen Reaktionen im Verhalten die eigentlichen ›Invarianten‹ des instinktiven, d. h. des genetisch fundierten Verhaltens beim Menschen darstellen. Auslösende Reize und instrumentelle Verhaltensweisen sind dagegen zumeist variabel und häufig gebunden an die individuelle Lerngeschichte eines Lebewesens« und damit auch beim Menschen gelernt.

Wenn man die Bedeutung der Emotionen beim Lernen näher betrachtet, darf man nicht nur das absichtsvolle Lernen in den Bildungseinrichtungen im Blick haben, sondern man muss auch das implizite oder beiläufige Lernen mit berücksichtigen. Von Emotionen beeinflusstes Lernen oder Lernen, das das von Emotionen bestimmte Verhalten verändert, findet vor allem im sozialen Kontext statt. Der Mensch ist ein soziales Wesen und die wichtigsten Lernziele, die er zur Bewältigung der Aufgaben seines Lebens zu erwerben hat, haben mit dem Umgang mit anderen Menschen zu tun. Das ist aber ein Bereich, der in den üblichen Bildungseinrichtungen eher vernachlässigt wird. Auf der anderen Seite ist das aber ein Bereich, bei dem Emotionen eine herausragende Rolle spielen. Wir lernen uns in einer Gruppe angemessen zu bewegen beiläufig, inzidentell und dabei sind oft (wie beim kognitiven einsichtigen Lernen) Wiederholungen nicht notwendig, einmalige Erlebnisse sind ausreichend, wenn sie starke Emotionen auslösen. Auch Greif und Kluge (2004, S. 793) weisen auf dieses Phänomen hin:

»Anscheinend gibt es aber auch explizites und implizites one-trial-learning, ein Lernen durch einen einzigen Versuch. Eine einzelne Erfahrung wird bewusst gelernt, und implizit werden die Kontextbedingungen oder die mit ihr zusammenhängenden Sequenzen dann längerfristig im Gedächtnis gespeichert, wenn die Situation mit einer sehr intensiven Zuwendung der Aufmerksamkeit verbunden ist. Dies kann durch neue, überraschende und ungewöhnliche Wahrnehmungen oder durch Situationen geschehen, die intensive positive oder negative Emotionen auslösen.«

2.4.2.3 Das Auftauchen des Begriffs »affektive Lernziele«

1956 erschien in den USA ein Buch von Bloom u. a. mit dem Titel »Taxonomie of educational objektives« (Bloom, Engelhardt, Furst, Hill & Krathwohl, 1956). In diesem Buch wird eine Hierarchie der Lernziele insgesamt und in dem ersten Band der kognitiven Lernziele im Besonderen vorgeschlagen. Bloom u. a. unterschieden zwischen kognitiven, affektiven und psychomotorischen Lernzielen. Ein Vorschlag für eine Klassifikation der affektiven Lernziele erschien von Krathwohl u. a. acht Jahre später (Krathwohl, Bloom & Masia, 1964, deutsch: 1975).

Unter *kognitiven Lernzielen* versteht man nach Bloom die Veränderung in der Speicherung und Verarbeitung von (kognitiven) Bewusstseinsinhalten (z. B.: Lernen von Sprachen, mathematischen Formeln und deren Anwendung, Benennung von Dingen, bilden und interpretieren von Konzepten, das Kennen von Regeln usw.)

Unter *psychomotorischen Lernzielen* versteht man die Veränderung von komplexen, koordinierten Muskelbewegungen (z. B. Lernen von Sportarten wie Tennis, Skifahren usw., Bedienen einer Maschine wie z. B. der Tastatur einer Schreibmaschine usw.). Die psychomotorischen Lernziele spielen bei den Projekten der betrieblichen Aus- und Weiterbildung, die dem Autor in der Praxis begegnet sind, eine sehr untergeordnete Rolle.

Unter *affektiven Lernzielen* versteht der Autor in Anlehnung an Krathwohl u. a. die emotionale Reaktion auf die Wahrnehmung von äußeren und inneren (Vorstellungen) Wahrnehmungen. Die affektiven Lernziele spielen nach Überzeugung des Autors für die Verhaltensänderung und damit für das Erreichen der Ziele auf der Ebene der Leistung die entscheidende Rolle.[13]

---

[13] Neben kognitiven, affektiven und psychomotorischen Lernzielen kann man noch die olfaktorischen Lernziele unterscheiden, die Veränderung der Wahrnehmungsfähigkeit im Bereich des Riechens und Schmeckens.

2.4.3 Die affektiven Lernziele in der Pädagogik

Obwohl das Konzept der affektiven Lernziele schon seit den 50er Jahren des vorigen Jahrhundert besteht, führt es in der Pädagogik immer noch ein Schattendasein. In diesem Kapitel werden ein paar Beispiele angeführt, in denen affektive Lernziele auftauchen und die Widerstände gegen dieses Konzept zitiert und diskutiert. Anschließend werden ein paar Thesen aufgestellt, die begründen, warum sich die Vermittlung affektiver Lernziele nicht weiter verbreiten konnte. Zuletzt werden ein paar Argumente angeführt, die belegen, dass zumindest in der betrieblichen Aus- und Weiterbildung die affektiven Lernziele einen wichtigen Stellenwert haben.

2.4.3.1 Affektive Lernziele werden von der Pädagogik weitgehend ignoriert

Das Konzept von Bloom und Krathwohl, d.h. die Unterscheidung von affektiven, kognitiven und psychomotorischen Lernzielen (Bloom u.a., 1956) wird zwar immer wieder zitiert (z.B. Holmberg & Schuemer, 1997), jedoch fehlt dieses Konzept auch in einigen umfangreichen Standartwerken zur pädagogischen Psychologie wie z.B. in Krapp & Weidenmann (2006). Aber selbst da, wo die Taxonomie der Lernziele erwähnt wird, findet man keine nähere Ausführung, was unter »affektiven Lernzielen« zu verstehen ist.

Andererseits werden immer wieder Lernziele als wichtig formuliert, die man dem Bereich der affektiven Lernziele zuordnen muss. So formuliert z.B. Siebert (2009, S. 73) als Lernziele der politischen Bildung:

- »Urteilsvorsicht, d.h. der Neigung zu widerstehen, mithilfe eines dualisierenden Denkens vorschnell zu urteilen«; oder
- »die eigene Betroffenheit und Ohnmachtsgefühle zuzulassen und mit anderen zu thematisieren«

und weitere, die hier nicht alle aufgezählt werden sollen. Nach der oben zitierten Definition handelt es sich dabei um affektive Lernziele.

Emotionen in der Bildung bei Greif & Kluge:
Selbst wenn die Existenz affektiver Lernziele eingeräumt wird, so findet man meist keinen Hinweis darauf, welche didaktischen Möglichkeiten es gibt, diese Lernziele zu vermitteln. In dem Aufsatz von Greif & Kluge (2004) wird zwar im Zusammenhang mit der Erwähnung der neurophysiologischen Erforschung des Gehirns eingeräumt, dass »Gefühlen und affektiven Zuständen eine größere Bedeutung beim Lernen zugewiesen wird, als (kognitiven, E.d.A.) Lernzielen. Emotionen organisieren menschliches Denken, Handeln und Lernen.« Es wird aber nicht darauf

eingegangen, wie diese »Gefühle und affektiven Zustände« beim Lernen berücksichtigt oder durch pädagogische Interventionen beeinflusst werden können. Allerdings wird auf S. 766 der Lernbegriff gegenüber dem Entwicklungsbegriff abgegrenzt, wobei »der Lernbegriff mit ›Wissenserwerb‹ assoziiert wird« während »der Entwicklungsbegriff die kognitive, motivationale und emotionale Erfahrungsbildung« beinhaltet. Auch unter dem Abschnitt »Lerntheorien und ihre betriebliche Anwendung« werden die Entwicklung eines bedingten Reflexes oder die Übernahme (das Lernen) von Einstellungen nicht erwähnt.

Konsequenterweise wird bei der Behandlung des »Beobachtungslernens« nicht erwähnt, dass der Lernende das beobachtete Verhalten auch positiv bewerten muss, wenn man erreichen will, dass er es für sich übernimmt. (Wenn ein Versicherungsvertreter beim Verkaufstraining ein beobachtetes Verhalten als manipulativ ablehnt, dann wird er es nicht für sich übernehmen.)

Abschließend stellen aber auch Greif & Kluge (2004) fest, dass »die zukünftige Forschung und Anwendung der Beeinflussung lernförderlicher affektiver Zustände durch Coaching beim Lernen und durch das Design der Lernumgebungen vermutlich eine große Bedeutung zumessen wird.« (S. 803)

Auch Arnold & Holzapfel (2008) stellen fest, dass es in der Geschichte der Pädagogik und der Erwachsenenbildung kaum Beiträge zum Thema Emotionen und Lernen gibt.

Emotionale Intelligenz und affektive Lernziele:
Der Bestseller von Goleman »Emotionale Intelligenz« (Goleman, 1996), hat die Betrachtung der emotionalen Seite des Menschen populär gemacht, wenn auch die Pädagogik noch wenig Notiz davon genommen hat. Es ist populär geschrieben und von der Wissenschaft offensichtlich nicht zur Kenntnis genommen, zumindest aber nicht anerkannt[14] wurde, obwohl die Tatsache, dass sich dieses Buch so gut verkauft, einen Hinweis darauf gibt, dass es sich bei diesem Thema um ein Phänomen handelt, das von vielen Menschen wichtig genommen wird.

So wie es einen Intelligenzquotienten (IQ) gibt, gibt es – so schlägt Goleman vor – auch einen EQ eine »emotional Quality« im Sinne von emotionalen Fähigkeiten. Dazu gehören vor allem die emotionale Selbst-

---

[14] In dem 2006 in der 5. Auflage erschienen, von Krapp & Weidenmann herausgegebenen Lehrbuch »Pädagogische Psychologie« wird Goleman nicht erwähnt.

wahrnehmung und die emotionale Fremdwahrnehmung. Goleman weist darauf hin, dass das Selbstverständnis der eigenen Gefühle und die Sensibilität für die Gefühle anderer lernbar sind. Im Gegensatz zum IQ, der zu 50% angeboren ist, wie die moderne Zwillingsforschung nahe legt (Berndt, 2011, s. SZ vom 12.1.2011, S. 11) ist die »emotionale Intelligenz« überwiegend gelernt und sie ist lehrbar. Goleman beschreibt beispielsweise, wie in einer Schule in den USA der Lehrplan »Self Science« aussieht. Die Schüler lernen in diesem Fach den Umgang mit ihren Emotionen, z. B. was man gegen Angst, Wut und Traurigkeit machen kann, wie man sich Empathie, das Verstehen anderer aneignen kann, wie man Beziehungen pflegen und mehr Selbstbewusstsein erwerben kann.

Unser Verhalten ist weitgehend von emotional gefärbten Reaktionen zumindest mit beeinflusst. Darüber gibt es heute unter Psychologen keinen Zweifel. Diese emotional gefärbten Reaktionen werden gelernt und man kann sie auch lehren. So gesehen werden Gefühle auch zum Lerngegenstand. Ob eine Beeinflussung der emotionalen Reaktion von Adressaten Konditionierung, Suggestion, Manipulation genannt und somit abgewertet oder gar als unmoralisch gegeißelt werden kann, hängt von den Inhalten und den Methoden ab. Wenn der Trainer sein Vorhaben nicht verschleiert und das Erreich des »affektiven« Lernziels zum Vorteil des Adressaten führt, kann man kaum von Manipulation oder Suggestion bzw. Konditionierung sprechen. Wenn man allerdings »Manipulation« mit »Beeinflussung« gleich setzt, dann gehört die Vermittlung affektiver Lernziele sicher zu dieser Kategorie, dann ist sie aber nicht mehr verwerflich, sondern – wenn auch nicht immer bewusster – Alltag. (Zum Thema »Manipulation« s. a. Martens, 1998a, S. 278ff.)

2.4.3.2 Warum spielen bis heute die affektiven Lernziele in der Pädagogik eine untergeordnete Rolle?

Neben den Missverständnissen, die aus dem fälschlich gebrauchten Begriff »affektiv« in »affektive Lernziele« entstehen können, gibt es sicher noch eine Reihe anderer Gründe, die dazu geführt haben, dass die Lernziele aus dem Bereich der Gefühle von den meisten wissenschaftlich arbeitenden Pädagogen ignoriert werden und (damit) keinen Eingang in die Curricula der Schulen und der Universitäten gefunden haben.

Der Autor hat auf Grund seiner Praxis und aus den vielen Diskussionen, die er mit Kollegen zu diesem Thema geführt hat, eine Reihe von Hypothesen entwickelt, die in der Summe die Abneigung gegenüber »affektiven Lernzielen« durchaus verständlich erscheinen lassen.

Es sind vor allem vier Gründe, die gegen die affektiven Lernziele sprechen und die hier dargestellt werden. Es wird allerdings zu jedem dieser Argumente eine entsprechende Erwiderung gebracht:

(1) Die Vermittlung affektiver Lernziele hat nichts mit Pädagogik zu tun:
Wesentliche Teile der Forschung zur Beeinflussung der Emotionen liegen außerhalb des Wissenschaftsfeldes der Pädagogik und daher haben die meisten Pädagogen ein eher distanziertes Verhältnis zu den entsprechenden Forschungsergebnissen:

- Die Einstellungsforschung und ebenso die Gruppendynamik gehören zur Sozialpsychologie bzw. Soziologie.
- Die Erforschung des bedingten Reflexes gehört zu den Grundlagen der Psychologie und hat auf den ersten Blick nichts mit Pädagogik zu tun.
- Die Erforschung der Beeinflussung von Werthaltungen ist u. a. ein Feld der Werbepsychologie, von der sich die Pädagogik möglichst weit distanzieren möchte.
- All diese Wissenschaftsbereiche arbeiten empirisch und auch das ist eine Methode, die viele Pädagogen für ihren Forschungsbereich nicht für angemessen halten.

Aber:
In der pädagogischen Psychologie hat sich gezeigt, dass die Empirie auch in der Pädagogik durchaus ihren Stellenwert hat, dass man z. B. die optimalen Formen der Unterweisung empirisch untersuchen kann. Das sollte ein Argument dafür sein, dass man auch andere Wissenschaftsbereiche bei der Suche nach den besten Lehr- und Lerntechniken mit berücksichtigt, die sich mit der empirischen Forschung der Beeinflussung des Verhaltens von Menschen (wie die Soziologie und Werbepsycholigie) beschäftigen.

(2) Werthaltungen sind Privatsache:
Die Beeinflussung von Werthaltungen und von emotionalen Reaktionen allgemein ist verpönt. Werthaltungen sind Privatsache und dürfen – wenn überhaupt – nur von der Familie beeinflusst werden. Jeder Mensch, der Werthaltungen beeinflussen will, macht sich der Manipulation verdächtig.[15]

---

[15] Dies gilt wahrscheinlich vor allem in Deutschland, da die Deutschen in den Zeiten des Nationalsozialismus durch das »Propagandaministerium« eine unheilvolle und sehr intensive Beeinflussung ihrer Werthaltungen erfahren hat.

Aber:
Wenn man Menschen (Kinder oder Erwachsene) wirksam beeinflussen will, dann muss man die Werthaltungen und andere emotionale Reaktionen beeinflussen, denn Menschen reagieren auf Grund von Wertungen unserer Umwelt, streben Zustände an, die sie positiv bewerten, oder vermeiden Situationen, die sich negativ bewerten und handeln entsprechend. Von »Manipulation« sollte man nur dann sprechen, wenn die folgenden Bedingung erfüllt sind:

Menschen werden ohne ihr Wissen beeinflusst und die Beeinflussung geschieht nicht zum Nutzen, sondern zum Schaden der Beeinflussten (s. o.).

(3) Der Mensch als rational handelndes Wesen:

In der westlichen Kultur geht man seit der Aufklärung davon aus, dass der Mensch – im Gegensatz zum Tier – ein rational handelndes Wesen sei.

Aber:
Die Vorstellung, dass der Mensch ein rational handelndes Wesen sei, ist eine Illusion. Die Werbung nutzt z. B. bei der Beeinflussung des Verhaltens von Menschen schon längst die Erfahrungen und Modelle der Tiefenpsychologie – und offensichtlich mit Erfolg. Sie spricht das Gefühl der potentiellen Kunden an und verzichtet weitgehend auf rationelle Argumentation. Alle Evidenzen, die uns zeigen, dass wir häufig irrational handeln, dass uns nicht selten die Motive unseres Handelns nicht einmal bewusst sind, wie uns die Tiefenpsychologie beginnend mit Freud und seinen Anhängern (z. B. Dichter, 1964) gezeigt haben, werden ignoriert.

(4) Die Pädagogik bemüht sich um »Bildung« nicht um Verhaltensänderung:

Das Ziel der pädagogischen Bemühungen ist nach wie vor ein »hehres Bildungsideal« (Bildung im engeren Sinn) und damit nicht die Steuerung des Verhaltens der Adressaten. Die in der Psychologie gängige Definition von Lernen als Verhaltensänderung hat noch kaum Eingang in die praktische Pädagogik gefunden.

Aber:
Wenn man sich um Bildung und nicht um Verhaltensänderung bemüht, muss man damit rechnen, dass als Ergebnis der pädagogischen Bemühungen sogenanntes »träges Wissen« entsteht, und dass in der

Praxis die Lehr- und Lernbemühungen keine oder nur geringe Wirkung haben.

Bloom bzw. Krathwohl waren keine Pädagogen:
Krathwohl hat in seinem Buch »The Taxonomy of Educational Objectives: Affektive Domain« (Krathwohl, Bloom & Masia, 1964), auf das sich die Mehrzahl der Autoren beruft, die »affektive Lernziele« erwähnen, vor allem das Messen solcher Lernziele vor Augen gehabt. Die angebotene Klassifikation lässt sich nicht, oder nur sehr schwer in pädagogische Handlungsanweisungen umwandeln.

Aber:
Es gibt eine andere Klassifikation affektiver Lernziele, die sich durchaus für die Planung von didaktischen Prozessen eignet (siehe 2.4.4).

2.4.3.3 Die Bedeutung affektiver Lernziele in der betrieblichen Aus- und Weiterbildung

Affektive Lernziele sollten eine herausragende Rolle in allen Ausbildungsbereichen spielen, sei es in der Schule, der Universität oder in der betriebliche Aus- und Weiterbildung. Die Auflagen, die das Buch von Goleman erreicht hat sprechen für sich. Darüber hinaus gibt es immer wieder Wissenschaftler und Schulversuche, die das belegen. Erwähnt sei hier nur der Coleman-Report aus dem Jahr 1966, in dem gezeigt wird, dass Fähigkeiten wie Selbstvertrauen (in der Sprache affektiver Lernziele: eine positive Einstellung zu sich selbst), Selbstkontrolle (ein starkes »Ich«) und Interesse an der Schule (eine positive Einstellung zur Schule und zum Lernen) mehr den Schul- und Studienerfolg beeinflussen, als dies eine Kombination aller anderen Faktoren wie häusliches Milieu, Rasse, Klassengröße, Lehrerbesoldung usw. bewirken. (Zitiert nach Newberg und Borton, 1976, S. 12).

Auch viele neuere Schulversuche bemühen sich bewusst oder intuitiv um eine emotionale Bildung ihrer Lernenden. Erwähnt sei das Experiment, für behinderte und nichtbehinderte Schüler einen gemeinsamen Unterricht zu gestalten, um so günstige Bedingungen »für die positive sozial-emotionale Entwicklung aller Schülerinnen und Schüler zu schaffen« (formuliert D. Bumke in der Schriftenreihe des Kultusministeriums von NW, Heft 50, 1992).

In der betrieblichen Aus- und Weiterbildung sprechen die Weiterbildungskataloge eine beredte Sprache von der Bedeutung von Anpassungsfähigkeit, Selbstbewusstsein, Führungsstärke usw., die in den angebotenen Seminaren vermittelt werden sollen. Allerdings sucht man ein überzeugendes Konzept zur Vermittlung von Lernzielen, durch das diese Fähigkeiten vermittelt werden könnten, vergebens.

Auch die Arbeiten des Autors zeigen, dass es für das Erreichen von Lernzielen nützlich ist, wenn man die Bedeutung affektiver Lernziele in der betrieblichen Aus- und Weiterbildung beachtet. Die Erfolge, die mit den Lehrsystemen erreicht wurden, die die Firmen des Autors unter seiner Leitung entwickelt haben (s. Kap. 2.4.6), sind primär auf die systematische Vermittlung affektiver Lernziele zurückzuführen.

Auch Müller (2003, S. 187f) spricht z. B. von »affektiver und motivationaler Selbstführung« als einer (neben anderen) wesentlichen Voraussetzung für berufliche Selbstverwirklichung. Affektive Lernziele zu ignorieren bedeutet, auf möglichen Lernerfolg in der Praxis zu verzichten.

Allerdings haben in den letzten Jahren Themen wie »Motivation« oder andere Bemühungen um Werte in der betrieblichen Bildung, so wie in der Unternehmensführung generell keine gute Konjunktur. »Werte spielen heute in der allgemeinen Diskussion, vor allem wenn es um werteorientierte Entscheidungen im Unternehmen geht, selten eine große Rolle (wenn man einmal den »Wert« Geld oder Umsatz außer Acht lässt). Es kommt darauf an, einen Weg zu finden, der ›effektiv‹ ist und nicht darauf, dass er ›menschlich‹ ist oder andere Werte verfolgt« (Martens, 2010a, S. 481).[16]

Die Vorstellung, dass z. B. Mitarbeiter nur danach handeln, was ihnen rein rational betrachtet, die größten Vorteile bringt, also in erster Linie, welches Gehalt am Monatsende auf dem Konto landet, ist nach der Überzeugung des Autors ein Irrweg, der sich bei den Firmen, die danach handeln, auch in einigen Jahren als solcher herausstellen wird – woraufhin (hoffentlich) das Pendel wieder in die andere Richtung ausschlagen wird.

---

[16] Auch in der Allianz würde nach meinen Informationen heute kein Geld dafür ausgegeben werden, dass die Vertreter lernen, eine positive Einstellung zur eigenen Firma, zu ihrem Beruf oder zu den Produkten gewinnen, wie sie das vor dreißig Jahren getan haben. So wie auch »Motivation« heute kein Thema zu sein scheint. »Die Mitarbeiter werden bezahlt, das reicht doch wohl«, ist die weit verbreitete Auffassung. Allerdings zeigen jüngste Berichte, dass die Allianz mit dieser Haltung im deutschen Markt Marktanteile verliert.

2.4.4 Der Versuch der Entwicklung einer Didaktik affektiver Lernziele

2.4.4.1 Der Ansatz von Gagné

Im Studium wurde der Autor mit verschiedenen theoretischen Ansätzen für das Phänomen »Lernen« konfrontiert, die man in verschiedene »Schulen« einteilte, die sich gegenseitig bekriegten. Jede Schule glaubte »die« Gesetze des Lernens gefunden zu haben. Vereinfacht dargestellt, wurde bei den Behavioristen Lernen als der Erwerb von Reiz-Reaktions-Ketten gesehen; bei den Gestaltpsychologen wurde Lernen als der Erwerb von »kognitiven Strukturen«, von Einsichten gesehen; bei den Sozialpsychologen wurde Lernen als das Nachahmen von Vorbildern, als Lernen am Modell gesehen, um nur einige typische Beispiele zu erwähnen. Wenn wir entscheiden wollten, welche Theorie in einem konkreten Projekt unser Handeln und damit die Konzeption eines Trainingsprojektes bestimmen sollte, so brauchten wir eine übergeordnete Struktur, die uns sagt, welche Theorie wann »passt«.

Ein ideales Konzept, das aus diesem Dilemma herausführte, lieferte Gagné (1970). In seinem Buch »Die Bedingungen des menschlichen Lernens« macht er deutlich, dass die Vorstellung, dass es bei dem Phänomen »Lernen« um einen einheitlichen Vorgang handelt, der mit *einer* Theorie erklärt werden kann, von falschen Voraussetzungen ausgeht. Er stellt überzeugend dar, dass mit »Lernen« bei den Vertretern der verschiedenen Schulen nicht immer das Gleiche gemeint ist, sondern unterschiedliche Phänomene erklärt werden und dass man demnach verschiedene Formen des Lernens unterscheiden muss. Für jede dieser verschiedenen Formen des Lernens ist eine andere Theorien anwendbar. Die Diskussion darüber, welche Theorie des Lernens die Richtige sein könnte, ist sinnlos, solange man bei den einzelnen Theorien unterschiedliche Formen des Lernens zugrunde legt.

Wenn man dieser Idee folgt, dann muss man in einem konkreten Einzelfall nur entscheiden, welche Form von Lernen vorliegt, mit der man das gewünschte Lernziel erreichen kann, dann kann man diesem Lernen eine entsprechende Theorie zuordnen und von dieser Theorie kann man ableiten, wie die Didaktik des Lehrsystems aussehen muss, mit der dieses konkrete Lernziel vermittelt werden kann. Im Einzelnen sieht der Prozess der Entwicklung Lehrmaßnahme dann folgendermaßen aus:

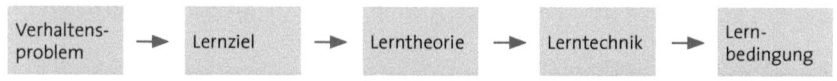

Abb. 5: Vom Verhaltensproblem zu den Lernbedingungen

Aus der Diskrepanz zwischen einem beobachteten und einem gewünschten Verhalten (Verhaltensproblem) wird ein Lernziel abgeleitet. Die Art des Lernziels verweist auf eine bestimmte Lerntheorie, die einer Lerntechnik zugeordnet werden kann. Aus der Lerntechnik lassen sich dann die Lernbedingungen ableiten, durch die Lehr-/Lernmaßnahme gekennzeichnet sein sollte.

Im Gegensatz zu dem Konzept von Gagné orientiert sich die Taxonomie der affektiven Lernziele, wie sie Krathwohl, Bloom & Masia (1964) vorgeschlagen hat, am Ergebnis des Lernprozesses. Sie eignet sich primär zur Identifizierung und zur genauen Bestimmung von Lernzielen, deren Erreichen man auf Grund dieser Klassifikation überprüfen kann. Auch Tietgens (1991) hält die Klassifikation von Lernzielen in solche höherer und niederer Ordnung – wie sie Bloom, Krathwohl u. a. vorgenommen haben – für »schwierig und wenig ergiebig und empfiehlt stattdessen von den Taxonomien nur zu heuristischen Zwecken Gebrauch zu machen – etwa um festzustellen, ob ein Programm oder Kurs affektive Lernziele enthält ...«. Jedoch gibt auch Tietgens keine Hinweise, wie solche Lernziele zu vermitteln sind. Im Gegensatz zu Krathwohl u. a. orientiert sich die Einteilung von Gagné an dem Vorgang des Lernens und damit auf die Vermittlung solcher Lernziele.

Bevor man also entscheiden kann, welche Lerntheorie der Konstruktion einer Trainingsmaßnahme oder eines Lehrsystems zugrunde gelegt wird, muss man herauszufinden versuchen, welche Formen des Lernens vorkommen, und das hängt offensichtlich von der Beschaffenheit der Lernziele ab. Gagné hat allerdings in der zweiten Auflage seines Buches, auf die ich mich hier beziehe, seine Einteilung nicht auf die Klassifikation in affektive, kognitive und psychomotorische Lernziele bezogen.

Der Autor kombinierte – wie oben schon erwähnt – den Ansatz von Gagné mit der Klassifikation von Lernzielen nach Bloom. Er suchte also nach hierarchisch aufgebauten Lerntechniken, so wie Gagné sie geschildert hatten, wobei er allerdings zwischen affektiven, kognitiven und psychomotorischen Lernzielen unterschied. Für die kognitiven Lernziele übernahm er die Einteilung von Gagné, wobei er allerdings die erste und dritte Lerntechnik herausnahm, weil sich die erste Lerntechnik Gagnés auf affektive Lernziele und die dritte Lerntechnik Gagnés auf psychomotorische Lernziele bezieht.

Auf die verschiedenen Lerntechniken im kognitiven Bereich geht der Autor hier nicht näher ein. Sie wurden von Gagné (1970) gründlich herausgearbeitet. Auch die Frage, ob es verschiedene Lerntechniken im psychomotorischen Bereich gibt, wird hier nicht näher untersucht. Psychomotorische Lernziele spielen in der betrieblichen Aus- und Weiterbildung nur eine untergeordnete Rolle, im Gegensatz zu den affektiven Lernzielen, auf die hier näher eingegangen werden soll.

2.4.4.4.2 Die Unterscheidung unterschiedlicher Lernprozesse bei der Vermittlung affektiver Lernziele

Gagné hat (primär für den kognitiven Bereich) einen Weg aufgezeigt, wie man durch die Unterscheidung verschiedener Lernwege und davon abgeleiteten Lerntheorien zu konkreten Empfehlungen hinsichtlich des didaktisch pädagogischen Vorgehens bei Lehr-/Lernprozessen kommen kann. Im Folgenden soll ein ähnlicher Weg für die affektiven Lernziele gegangen werden.

Zu untersuchen wäre also, ob es auch im affektiven Bereich, so wie das Gagné für den kognitiven Bereich beschrieben hat, verschiedene Lerntechniken gibt, die entsprechend ein unterschiedliches Vorgehen bei der Vermittlung erfordern. Zu diesem Zweck unterscheiden wir hier drei Arten des Lernens im affektiven Bereich: das Signallernen, das Einstellungslernen und das soziale Lernen.

Signallernen:

Die erste grundlegende und sowohl in der Ontogenese als auch in der Phylogenese zuerst vorkommende Art des Lernens hat Gagné beschrieben: Es handelt sich um das *Signallernen*[17]. Bei allen Menschen lösen eine große Zahl von konkreten Wahrnehmungen Gefühlsreaktionen aus – oft jedoch sind diese Reaktionen unterschwellig, d.h. sie sind so schwach, dass sie uns nicht bewusst werden, was aber nicht heißt, dass sie nicht wirksam sind. Der sogenannte »erste Eindruck« den wir von einem Men-

---

[17] Mit »Signallernen« ist hier nur das Erlernen einer affektiven Reaktion auf ein Signal gemeint. Das Lernen der (kognitiven) Bedeutung eines bestimmten Signals, das z.B. eine Maschine zeigt, um einen bestimmten Zustand zu kennzeichnen, wird hier nicht unter Signallernen verstanden, da dieses Lernziel dem kognitiven Bereich zuzurechnen ist.

schen haben, der uns begegnet beruht wahrscheinlich zum großen Teil auf solchen emotionalen Reaktionen auf Signale. Auffallend rot geschminkte, volle Lippen, lange Haare, ein Lächeln, große, durch Schminke betonte Augen: welcher Mann reagiert z. B. nicht auf diese Signale?

Die meisten dieser Signalreaktionen haben wir im Lauf unseres Lebens gelernt und zwar »inzidentell«, nicht bewusst und ohne, dass jemand uns diese Reaktion vermitteln wollte. Wenn durch einen (alten) Reiz ein bestimmtes Gefühl ausgelöst wird und wir gleichzeitig einen neuen Reiz wahrnehmen, der bisher keine Bedeutung hatte, dann werden wir diesen neuen Reiz mit dem Gefühl unbewusst in Verbindung bringen. Wenn diese Situation ein paar Male passiert, dann löst der neue, bisher neutrale Reiz dieselben Gefühle aus. Dieses Lernen einer klassischen bedingten Reaktion hat Pawlow mit seinen Experimenten mit Hunden berühmt gemacht.

In der Praxis des Autors spielte diese Form des Lernens im affektiven Bereich nur eine untergeordnete Rolle. Die affektive (oder wie man im deutschen Sprachraum eher sagen würde: die emotionale) Reaktion auf eine konkrete Wahrnehmung spielt zwar im täglichen Leben eine wichtige Rolle, aber diese Reaktionen sind so individuell, dass selten eine das Erreichen des Lernzieles behindernde Verbindung dieser Art eine ganze Gruppe betrifft und damit zum Gegenstand der Aus- und Weiterbildung gemacht werden muss. Hinzu kommt, dass diese emotionalen (affektiven) Reaktionen auf konkrete Wahrnehmungen (Signale) zwar bewusstseinsfähig sind, aber – wie schon erwähnt – meist nicht reflektiert werden, also unbewusst bleiben. Dadurch wird bei der betrieblichen Aus- und Weiterbildung eine Strategie zur Veränderung einer solchen Reaktion gegenüber dem Auftraggeber oft schwer zu argumentieren sein. Außerdem ist die Akzeptanz für entsprechende Maßnahmen meist gering, da auch die Intervention sich meist an das Unbewusste richtet und damit den Vorwurf der Manipulation auslöst.

Eine Ausnahme davon bildete die Reaktion der Versicherungsverkäufer auf eine fremde Haustüre. Die meisten Adressaten hatten in einer solchen Situation Angst oder zumindest ein »ungutes Gefühl«. In dem ALM wurde daher die Situation, die der Versicherungsverkäufer erlebt, wenn er an einer fremden Haustür klingelt, mit Gefühlen positiver Erwartung verbunden, wie man sie z. B. bei einem Wettbewerb erlebt. Es wurde im Training die Situation durch einen Videofilm simuliert, auf den die Seminarteilnehmer reagieren mussten. Die Adressaten mussten auf schwierige Einwände der Kunden, die die Tür öffneten, schlagkräftig reagieren. Da die Teilnehmer ausreichend auf die Situation vorbereitet wurden, erlebten sie keine Misserfolgs- sondern nur Erfolgserlebnisse. Allerdings war die Situation nicht einfach und wurde auch durch entsprechende Kommentare des Trainers aufgewertet. Die Situation signalisierte damit nicht die Gefahr zu versagen, sondern die Chance, ein Erfolgserlebnis zu erleben, oder zumindest neue Erfahrungen zu machen. Dieses Gefühl (der positiven Erwartung) – das war die Intention dieser Übung – sollte dann auf die entsprechenden Erfahrungen in der Praxis (die Situation an der fremden Haustür) übertragen werden.

Die Neuroliguistische Programmierung (NLP) basiert wesentlich auf der Veränderung von emotionalen Reaktionen auf Signale. Unter NLP bezeichnet man eine Methode zur Beeinflussung von Menschen, die auf der Annahme beruht, dass der Mensch auf Grund von Reiz-Reaktions-Ketten funktioniert und dass diese durch »Programmierung« verändert werden können. Diese Methode hat im Training eine große Verbreitung gefunden, wird aber von vielen Personen und Institutionen als unwissenschaftlich und manipulativ abgelehnt. Auch der Autor hat in dem von ihm entwickelten Lehrsystemen davon keinen Gebrauch gemacht.

Einstellungslernen[18]:

Unter Einstellung definiert Allport (1935) »ein mentaler und neutraler Bereitschaftszustand verstanden, der durch Erfahrung strukturiert ist, und einen steuernden oder dynamischen Einfluss auf die Reaktionen eines Individuums gegenüber Objekten und Situationen eingeht.« (Zitiert nach Triandis, 1975, S. 4, der darauf hinweist, dass diese Definition einen großen Einfluss hat bzw. hatte.) Der Autor definiert Einstellungen als »gefolgerte Grundlagen von beobachteter Gleichförmigkeit des Verhaltens eines Individuums. Man sieht in den Einstellungen überdauernde Systeme positiver oder negativer Wertschätzungen, Gefühle und Handlungs- oder Wahrnehmungstendenzen gegenüber Objekten, Personen oder Personengruppen.« (Martens, 1998a, S. 117, s. a. Martens & Kuhl, 2011).

Einstellungen werden als intervenierende Variable zwischen einem Reiz und einer Reaktion gesehen, die die drei Aspekte Affekt, Kognition und Verhalten hat.

Der Zusammenhang zwischen Einstellungen und Verhalten wurde

---

[18] Der Autor verwendet hier wie in seinen anderen Publikationen (erstmals Martens, 1984) den Begriff »Einstellungslernen« da es sich beim Verändern von Einstellungen um einen Lernprozess handelt, vergleichbar mit dem Sozialen Lernen. Dieser Begriff wurde von J. Fricke (1999), Grzesik (2002), F. Gutekunst (2006) u. a. übernommen.

immer wieder kontrovers diskutiert. Fishbein (1961) und andere schlugen eine Formel vor, in der die Stärke der Überzeugungen (als kognitive Komponente) und der »evaluative Komponente einging, um die Wahrscheinlichkeit zu berechnen, mit der sich eine Einstellung in einem entsprechenden Verhalten zeigt (s. a. Ajzen & Fischbein, 1970).

Einstellungen sind nicht angeboren, sondern sie werden erworben, vor allem durch Erfahrungen und durch Vorbildwirkung, sie werden gelernt. Es wird daher hier der Begriff *Einstellungslernen* gebraucht. Im Gegensatz zum Signallernen bezieht sich die Einstellung nicht auf ein singuläres Objekt, sondern auf eine ganze Klasse von Objekten. Wenn jemand eine bestimmte Einstellung zur Kirche hat, so wird er sowohl auf das Gebäude einer Kirche, als auch auf die Symbole der Kirch (z. B. das Kruzifix) und vielleicht auf die Person eines Priesters in ähnlicher Weise, positiv oder negativ reagieren. In einer weniger determinierenden als vielmehr akzentuierenden Abgrenzung gegenüber dem Signallernen kann man davon sprechen, dass sie Einstellungen letztlich auf Abstraktionen richten (Martens, 2009).

Menschen teilen die vielfältigen Wahrnehmungen, die ihnen täglich beggenen in Klassen ein, wobei wir alle Wahrnehmungen, die wir diesen Klassen zuordnen, in gleicher oder ähnlicher Weise bewerten. Auf diese Weise bilden wir uns vor allem ein Urteil über Menschen: wir unterscheiden Unternehmer, Arbeiter, Bayern, Juden, Teenager usw. und wir bewerten diese Gruppen von Menschen in bestimmter Weise. Aber wir besitzen Einstellungen auch gegenüber Firmen, unserem Arbeitgeber, den Kunden, den Produkten, die wir verkaufen oder kaufen und vor allem haben wir eine Einstellung gegenüber uns selbst. Der Gegenstand, auf den sich Einstellungen beziehen, ist dabei nicht durch bestimmte konkrete Wahrnehmungen gekennzeichnet, wie das beim Signal-lernen der Fall ist, sondern es handelt sich immer um Abstraktionen, um Ideen, die wir aus vielen Einzelwahrnehmungen gebildet haben.

Es gibt auch hinsichtlich der Reaktion ein Unterschied zum Signallernen: die Reaktionen auf Signale sind in der Regel »rein« emotional, man könnte etwas übertrieben sagen: körperlich. Die Reaktion auf die oben erwähnten Abstraktionen, die Bewertung dieser Wahrnehmungen, die wir bestimmten Gruppen zuordnen, hat zwar auch eine emotionale Komponente, doch sie hat immer auch einen kognitiven Anteil. Darauf wird weiter unten noch näher eingegangen.

Das Konzept der Einstellungen (engl. attitude) hat den Autor schon während seines Studiums fasziniert. Damals war die Einstellungsforschung vor allem in den USA sehr populär. Er ist diesem Konzept auch heute noch verbunden, obwohl sich die hohen Erwartungen an eine Verhaltensvorhersage aufgrund der Messung von Einstellungen oder einer Verhaltensänderung aufgrund von Einstellungsänderungen im Einzelfall nicht erfüllt haben und daher das Interesse an diesem Forschungsgegenstand deutlich zurückgegangen ist. (Eine ausführliche Erläuterung der Bedeutung der Einstellung und der Möglichkeiten zur Einstellungsänderung findet sich z. B. in der Monographie von H. C. Triandis, 1975).

Im Mittelpunkt der meisten Bücher des Autors und der meisten Trainingsmodule steht das Einstellungslernen. Das liegt nicht zuletzt daran, dass es sich hierbei um eine Form des Lernens handelt, die man sehr erfolgreich auch selbstbestimmt praktizieren kann, die also beim individuellen Selbstlernen, etwa mit Multimediaprogrammen, vollzogen werden kann. (»Die größte Revolution unserer Zeit besteht darin, dass man entdeckt hat, welch großen Einfluss die Einstellungen auf unser Leben haben, und dass wir es in der Hand haben, die bei uns wirksamen Einstellungen zu bestimmen.« William James, 1914.)

Heute wird im englischen Sprachraum statt »attitude« (oder »set« für kurzzeitige Einstellungen) häufig auch der Begriff »mindset« (z. B. Dweck, 2006, 2011) gebraucht. (Übersetzung des Begriffes »mindset« bei LEO im Internet: Denkart, Denkweise, geistige Haltung, Mentalität). An vielen Beispielen demonstriert die Autorin, wie sehr die »gedankliche Orientierung« (Übersetzung des Autors) das Leben von prominenten und weniger prominenten Persönlichkeiten beeinflusst.

In der Auflage von 1970 erwähnt Gagné das Lernen bzw. das Verändern von Einstellungen nicht. In der wesentlich überarbeiteten Auflage von 1980 wird eine weitere zusätzliche »Fähigkeit (Lernergebnis)« neben den intellektuellen Fertigkeiten, den kognitiven Strategien, den verbalen Informationen und den motorischen Fertigkeiten hinzugefügt: Die Einstellungen (Gagné 1980, S. 56, bzw. 219 – 241). Er erwähnt in dieser Auflage auch Krathwohl u. a. Taxonomy of educational objectives: Affektive domain.

Soziales Lernen:

Neben den konkreten Wahrnehmungen (Signalen) und den Abstraktionen (auf die sich die Einstellungen beziehen) gibt es noch eine dritte Gruppe von Wahrnehmungen, auf die wir mit emotional gefärbtem Verhalten reagieren: die sozialen Situationen. Der Autor übernimmt hier den Begriff aus der Sozialpsychologie bzw. Soziologie und versteht unter *sozialem Lernen* sowohl das Lernen in als auch für soziale Gruppen.

In einer sozialen Situation (und damit beim sozialen Lernen) spielen konkrete Wahrnehmungen (Signale) und Einstellungen bei dem Verhalten einer Person (bei der Reaktion der Person auf die auf ihn einströmenden Reize) eine Rolle. Wenn wir einem Menschen begegnen, dann wird unsere (oft unbewusste) emotionale Reaktion von seinem Äußeren (z. B. Brille, Bart etc. = Signale) und davon bestimmt, welchen Gruppen wir diesen Menschen zuordnen, d. h. ob wir ihn z. b. als Unternehmer, Arbeiter, Verwandten, Freund usw. betrachten. Allerdings kommt noch etwas Entscheidendes, Neues hinzu, was beim Signallernen und Einstellungslernen nicht vorkommt: der Menschen, der uns begegnet, reagiert auch auf uns. Es entsteht eine Wechselbeziehung, die die Emotionen wesentlich mit beeinflusst und die die Qualität der sozialen Beziehung wesentlich mitbestimmen. Wir sehen uns in gewisser Weise in dem anderen immer selbst, wie in einem (freilich nicht ganz verzerrungsfreien) Spiegel. (Wenn wir lächeln, lächelt wahrscheinlich auch der, dem wir begegnen.)

Soziales Lernen als Lernziel, also die Modifikation des Verhaltens in sozialen Situationen, stand und steht in der betrieblichen Aus- und Weiterbildung deutlich im Vordergrund: z. B. die Verbesserung des Führungsverhaltens, die Verbesserung des Arbeitens in Gruppen, die Konfliktbearbeitung, die Vermittlung erfolgreichen Verhaltens bei Verkäufern usw. Bei der Vermittlung der entsprechenden Lernziele spielen Einstellungen, so wie auch die emotionale Reaktion auf Signale (z. B. Kopftuch) eine wesentliche Rolle. Es kommt aber noch ein wesentliches Element hinzu: Die Wechselbeziehung der Akteure untereinander muss beim sozialen Lernen ein wichtiger Inhalt jedes Trainings sein.

Eine spezielle Trainingsform für das soziale Lernen ist das *Behavior Modeling Training* (Goldstein & Gessner, 1988; Tannenbaum & Yukl, 1992; Holling, 2000; Sonntag & Stegmaier, 2001). Dieses baut auf der Theorie des sozialen Lernens von Bandura (1977a) auf und es wird in folgende Einzelschritte unterteilt:

- Aufmerksamkeitsprozesse (das Wahrnehmen relevanter Merkmale des Modellverhaltens und der Situation);
- Gedächtnisprozesse (sprachliche oder bildhafte Kodierung des wahrgenommenen Modellverhaltens);
- Motorische Reproduktionsprozesse (aktives Erproben neu erworbener Verhaltensweisen) und
- motivationale Prozesse (beispielsweise Erwartungen von Verstärkung oder Bestrafung neuer Verhaltensweisen.

In Metaanalysen weisen Burke und Day (1986) Behavior Modelling als eine der effektivsten Trainingsmethoden aus. Auswirkungen auf »harte«

Kriterien wie Verkaufsleistung (Meyer & Raich, 1983) oder Unternehmensproduktivität, Absentismus und Fluktuation (Porras & Anderson, 1981) sind belegt.

Signallernen, Einstellungslernen und soziales Lernen im Überblick:
Bei den drei erwähnten Formen des Lernens erwirbt der Adressat jedes Mal keine neuen Gefühle, sondern eine neue Verknüpfung einer Wahrnehmung mit einem Gefühl, oder besser gesagt: mit einer Reaktion, die von Gefühlen mit bestimmt wird.

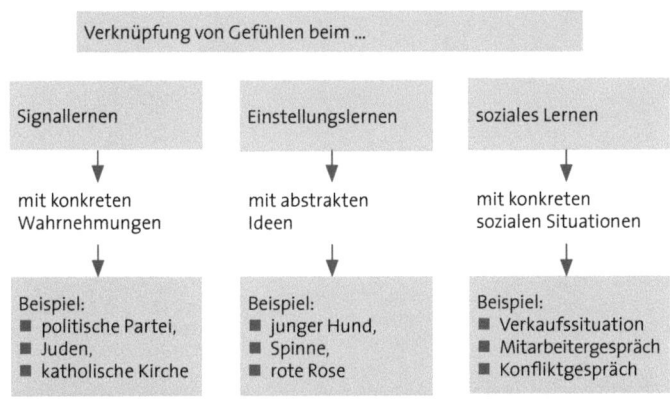

Abb. 6: Signallernen, Einstellungslernen und soziales Lernen im Überblick.

Die Unterscheidung von Signallernen, Einstellungslernen und sozialem Lernen ist in der Praxis sehr hilfreich. Jede dieser Lernformen wurde ausführlich wissenschaftlich untersucht: Das Signallernen unter der Überschrift der Erforschung des bedingten Reflexes, das Einstellungslernen in der Sozialpsychologie zum Thema Einstellungsänderung und das soziale Lernen unter diesem Thema in der Soziologie. Aus den Ergebnissen dieser Forschungsrichtungen lassen sich für jede dieser Lernformen die geeignete Vermittlungsmethoden und die geeigneten Medien bestimmen. Man kann Regeln aufstellen, nach denen man sich richten muss, wenn man dabei ist, entsprechend der empirischen Ergebnisse dieser Forschungsrichtungen eine optimale Strategie zur Vermittlung von Lernzielen aus dem jeweiligen Bereich zu entwickeln. Wenn man ein komplexes Lernziel daraufhin analysiert, welche Signalreaktionen, welche Einstellungen und welche sozialen Situationen eine Rolle spielen, dann kann man diese einzelnen Formen der emotionalen Reaktion separat, und dann anschließend auch verbunden trainieren.

Die Rolle der Gefühle bei den einzelnen Lernarten im affektiven Bereich:
Bei jeder der drei Arten des Lernens im affektiven Bereich spielen Gefühle eine wichtige Rolle. Allerdings unterscheidet sich diese Rolle, wie die folgende Abbildung zeigt. Vor allem beim Einstellungslernen hat auch der kognitive Bereich eine wesentliche Bedeutung.

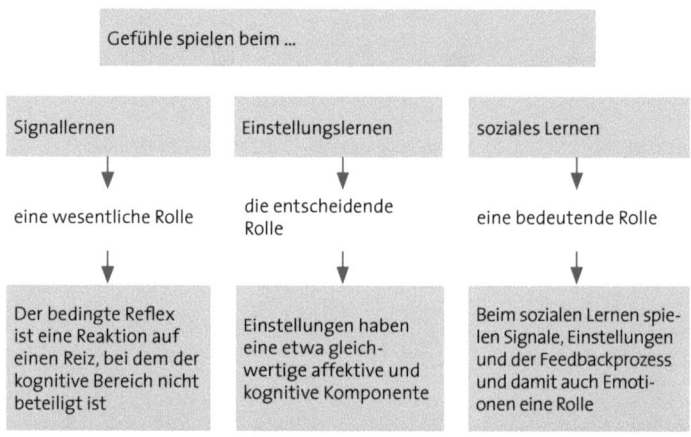

Abb. 7: Die Rolle der Gefühle bei den verschiedenen Gruppen affektiver LZ.

Forderungen an die Lernumgebung bei der Vermittlung affektiver Lernziele:
In der folgenden Abbildung (Abb. 8) sind beispielhaft ein paar der Forderungen aufgeführt, die man diesen drei Lernformen im affektiven Bereich zuordnen kann und deren Wirkung – das ist das Besondere – durch empirische Untersuchungen belegt ist.

Die Forderungen an die Lernumgebung bei der Vermittlung affektiver Lernziele werden hier nur in Form von Beispielen aufgezählt. Es würde hier zu weit führen, alle Forderungen im Einzelnen aufzuzählen und zu beschreiben. Allein für das Einstellungslernen hat der Autor siebzehn aus empirischen Untersuchungen abgeleitete Regeln aufgestellt, die bei der Konzeption oder Durchführung eines Trainings beachtet werden müssen, in dem die Veränderung von bestehenden oder die Bildung neuer Einstellungen ein wichtiges Lernziel darstellen (Martens, 1998a, S. 122 – 170).

Signallernen	▪ alter und neuer Reiz gleichzeitig ▪ häufige Wiederholung ▪ ablenken des kritischen Intellekts
Einstellungslernen	▪ Selbstbild des Adressaten berücksichtigen ▪ Schlussfolgerungen entdecken lassen ▪ gefühlsmäßige Beteiligung sicher stellen
soziales Lernen	▪ modellhaftes Verhalten vormachen ▪ soziales Erleben ermöglichen ▪ soziales Feedback sicherstellen

Abb. 8: Forderungen an die Gestaltung der verschiedenen Lernwege zur Vermittlung affektiver Lernziele.

Einige Anmerkungen zu den in der Abb. 8 beispielhaft aufgezählten Forderungen an die Gestaltung der Lernprozesse im affektiven Bereich:

Forderungen an das Signallernen:

- Der alte Reiz, der eine bestimmte Gefühlsreaktion auslöst, und der neue Reiz, mit dem eine Gefühlsreaktion verbunden werden soll, müssen gleichzeitig dargeboten werden.
- Beide Reize sollten mehrfach wiederholt werden.
- Der kritische Intellekt kann den Aufbau der Verbindung zwischen neuem Reiz und Gefühlsreaktion stören. Es ist daher nützlich, wenn der kognitive Bereich abgelenkt wird.

Forderungen an das Einstellungslernen:

- Wenn neue Einstellungen vermittelt werden, dann sollte das Selbstbild des Adressaten berücksichtigt werden. Die neue Einstellung darf dem Selbstbild des Adressaten nicht widersprechen.
- Bei der Bildung neuer oder der Veränderung vorhandener Einstellungen ist es sehr nützlich, wenn der Adressat auf Grund angebotener Argumente die Konsequenzen bzw. die Einsichtsprozesse für sich selbst entdeckt.
- Wenn man Einstellungen verändern will, dann hat es sich bewährt, wenn die Adressaten während des Prozesses emotional erregt werden, dabei müssen die Reize, durch die die Erregung erreicht wird, nichts mit der neu zu erlernenden Einstellung zu tun haben.

Forderungen für das soziale Lernen:

- Eine wirksame Form des sozialen Lernens besteht darin, dass der Adressat sich mit einem (u. U. in einem Film gezeigten) Vorbild identifiziert und das dort gesehene Verhalten nachahmt (Lernen am Modell).

- Soziales Lernen sollte in sozialen Situationen (Gruppensituation) stattfinden, die möglichst der Praxissituationen ähnlich sind, in denen der Adressat das neu gelernte Verhalten zeigen soll.
- Soziales Lernen sollte mit sozialem Feedback einhergehen. Der Adressat sollte Information darüber gekommen, wie sein Verhalten in der sozialen Situation von dem oder den Kommunikationspartnern empfunden wird. Dabei ist es wichtig, dass das Feedback so gegeben wird, dass der Adressat es annehmen und in sein Selbstbild einbauen kann.

2.4.4.3 Die Unterschiede zwischen affektivem und kognitivem Lernen

Nicht nur die idealen Vermittlungsformen beim kognitiven und affektiven Lernen unterscheiden sich. Es handelt sich um grundsätzlich unterschiedliche Formen des Lernens. Man kann davon ausgehen, dass es sich dabei um unterschiedliche Prozesse handelt, die man auch hirnbiologisch unterscheiden kann.

Im Folgenden sind ein paar Unterschiede aufgelistet, die sich bei der praktischen Arbeit mit den Lernformen im affektiven Bereich gezeigt haben. Es handelt sich dabei allerdings in den meisten Fällen um keine nach strengen wissenschaftlichen Kriterien belegte Ergebnisse oder Phänomene. Weitere Forschungen sind erforderlich, um die Allgemeingültigkeit dieser hier aufgezählten Beobachtungen zu bestätigen:

Tabelle 1: Unterschiede zwischen affektivem und kognitivem Lernen

Unterschiede	Kognitives Lernen	Affektives Lernen
(1) Erfolgserwartung	Fast alle Adressaten lernen und erreichen das Lernziel	Nur ein gewisser Prozentsatz der Adressaten lernt und erreicht das Lernziel
(2) Erfolgskontrolle	Durch Wissenstest ist der Lernerfolg der einzelnen Lernenden überprüfbar	Die Gültigkeit von Einstellungstests ist deutlich geringer als der von Wissenstests. Es sollte daher nur das Ergebnis von ganzen Gruppen interpretiert werden.
(3) Bedingung für Lerneffekt	Wiederholung wichtig (bei den meisten Lernzielen)	Persönliche Einsicht (entdeckendes Lernen) wichtig
(4) Zeitpunkt des Lerneffekts	Der Lerneffekt tritt unmittelbar nach dem Lernen ein und nimmt dann zuerst schnell und dann langsamer ab	Der Lerneffekt ist einige Zeit nach der Intervention größer, als unmittelbar nach der Maßnahme
(5) Optimum beim Erreichen des Lernziels	Optimum und Maximum des erreichten Lernziels sind identisch.	Das Optimum und das Maximum beim Erreichen eines Lernziels sind unterschiedlich.

Kurze Anmerkungen zu den in der Tabelle aufgezählten Unterschieden:

Zu (1) Erfolgserwartungen:
Bei der Vermittlung kognitiver Lernziele kann man bei einer gründlichen und didaktisch optimalen Form der Vermittlung in der Regel erwarten, dass fast alle Adressaten das Lernziel erreichen.
  Bei der Vermittlung affektiver Lernziele muss man damit rechnen, dass einig Adressaten so intensive Vorerfahrungen haben, die das Erreichen der Lernziele behindern, dass dagegen mit den im Training zu Verfügung stehenden Mitteln kaum eine Effekt erreicht werden kann. Nachdem aber beim Durchschnitt der Gruppe Veränderungen zu erreichen sind, die sich erfahrungsgemäß in der Praxis der Adressaten wesentlich auswirken, lohnt sich der Aufwand dennoch.

Zu (2) Erfolgskontrolle:
Im kognitiven Bereich gibt es eine Reihe von Testverfahren, mit denen der Lerneffekt relativ genau bestimmt werden kann. In diesem Bereich ist immer auch ein Vergleich der Ergebnisse, die man vor dem Training erhält, mit denen, die man nach dem Training messen kann, nützlich. In vielen Einzelfällen der Praxis hat sich aber gezeigt, dass ein einmaliger Test nach der Schulungsmaßnahme ausreichend ist, da man davon ausgehen kann, dass die Lernenden zu Beginn des Trainings kein nennenswertes Vorwissen besitzen und letztlich nur das Endergebnis zählt.

Bei der Vermittlung affektiver Lernziele kann man den Lerneffekt auch mit verschiedenen Testmethoden erfassen. Es handelt sich dabei vor allem um projektive Verfahren, Einstellungsfragebogen und Verhaltensbeobachtungen. Diese Verfahren sind jedoch im Vergleich zu den kognitiven Tests sehr viel ungenauer (Reliabilität) und ihre Gültigkeit (Validität) ist eingeschränkt. Die Gültigkeit der am häufigsten verwendeten Methode des Einstellungsfragebogens wird vor allem auch dadurch beeinträchtigt, dass intelligente Adressaten die optimale Antwort in der Regel erkennen und daher das Ergebnis verfälschen können. (Zu den Möglichkeiten und Problemen der Messung des Lernerfolgs im affektiven Bereich: Martens, 1998a, S. 230–277).
  Aus den obigen Gründen empfiehlt der Autor daher, im affektiven Bereich nicht die Ergebnisse einzelner Adressaten, sondern nur die Ergebnisse der ganzen Trainingsgruppe zu erfassen. Darüber hinaus, muss man immer die Ergebnisse, die man vor der Intervention erreicht mit denen vergleichen, die man nach der Maßnahme gewinnt. Man interpretiert also nur Veränderungen und nicht absolute Zahlen. (Auf diese

Weise eliminiert man bis zu einem gewissen Grad auch die Verfälschungen, da man davon ausgehen kann, dass sie bei beiden Messungen – beim Vortest und beim Nachtest – in gleicher Weise das Ergebnis beeinflussen.)

Zu (3) Bedingung für Lerneffekt:
Um einen optimalen Lerneffekt zu erreichen, sind bei den meisten kognitiven Lernzielen Wiederholungen wichtig.
Vor allem bei der Vermittlung von Lernzielen aus dem Bereich des Einstellungslernens ist es wichtiger, dass die Adressaten die für sie persönlich wichtigen Konsequenzen hinsichtlich ihrer Werthaltungen selbst entdecken. Nur dann ist die Gewähr gegeben, dass sich in den Lernenden kein Widerstand gegen die angestrebte Veränderung entwickelt und dass der Lerneffekt groß genug ist, um eine Verhaltensänderung zu bewirken.

Zu (4) Zeitpunkt des Lerneffekts:
Viele Untersuchungen zum Vergessen haben beim kognitiven Lernen gezeigt, dass der Lerneffekt unmittelbar nach dem Lernen am größten ist und dann in einer charakteristischen Vergessens-Kurve abnimmt.
  Im affektiven Bereich spricht vieles dafür, dass der »Lerneffekt« einige Zeit nach der Intervention (z. B. eine bis zwei Wochen) größer ist, als unmittelbar nach der Beeinflussung (Martens, 1987a, S. 100f). (Nähere Ausführungen und ein Beispiel siehe 2.4.6.1, Abb. 11).

Zu (5) Optimum beim Erreichen des Lernziels:
Beim kognitiven Lernen sind das Optimum und das Maximum des Lerneffekts identisch. Man kann nicht »zu viel« lernen.
Im affektiven Bereich sind das Optimum dessen, was man an Veränderung erreichen kann und das Maximum in der Regel nicht identisch. Die Lernzielanalyse muss immer auch einen Wert oder zumindest eine Vorstellung dafür liefern, welcher Grad an Veränderung optimal ist. (Ein Beispiel dafür ist unter 2.4.6.2, Abb. 13 beschrieben.)

2.4.5 Das Konzept der Verhaltenssteuerung durch Wertung

Eine Prämisse bei der Vermittlung affektiver Lernziele besteht darin, dass das Verhalten eines Menschen vornehmlich oder zumindest wesentlich davon bestimmt ist, wie er die konkrete Situation, in der er zu einer Handlung aufgerufen ist und die Konsequenzen der Handlung selbst emotional bewertet, man kann auch sagen, welche emotionalen Werte er mit den wahrgenommenen und antizipierten Ereignissen verbindet.

Diese These steht im Widerspruch zu der Überzeugung, dass wir gemäß rationaler Überlegungen, der Abwägung von Vor- und Nachteilen handeln, die dem rein kognitiven Konzept des Lernens zugrunde liegt.

Der Autor geht also von dem im Folgenden beschriebenen Modell der Entstehung eines Verhaltens aus und leitet davon das hier beschriebene Vorgehen der Verhaltenssteuerung, bzw. der Vermittlung neuer Verhaltensweisen ab:

Unser Verhalten wird fast immer durch eine emotional bestimmte Wertung gesteuert, die uns allerdings nicht immer bewusst wird. Wir lernen alle Wahrnehmungen und die daraus abgeleiteten abstrakten Ideen darauf hin zu beurteilen, ob sie für unser Wohlergehen und die Durchsetzung unserer Ideen förderlich oder eher hinderlich oder gar schädlich sind. Diese Wertungen werden zum weitaus größten Teil gelernt. Ausnahmen bilden lediglich angeborene »Auslöser«, wie z. B. das Kindchenschema (Zrzavý, Storch & Mihulka, 2010, S. 19): Wie Konrad Lorenz zeigen konnte, reagieren wir auf Gesichter, die bestimmte Merkmale wie große Augen, runder Schädel, große Stirn, aufweisen (also die typischen Merkmale, die wir an kleinen Kindern aber auch an jungen Hunden und anderen Tieren wahrnehmen) mit Gefühlen, die uns »süß«, »lieb« oder Ähnliches sagen lassen und auf die wir – wie Lorenz es ausdrückt – mit Verhalten reagieren, die unseren Pflegeinstinkt entsprechen[19].

Jede Handlung beruht also auf einer wertenden Wahrnehmung der Situation oder bestimmter Elemente der Situation, in der wir uns befinden. Wenn wir das Verhalten von Menschen verändern wollen, dann müssen wir die Werte, mit denen der Adressat bestimmte innere und äußere Wahrnehmungen assoziiert, verändern. Nur dann wenn es uns gelingt, diese Wertung zu verändern, wird es uns auch gelingen, das Verhalten dauerhaft zu verändern.

Häufig reagieren wir nicht unmittelbar auf die äußere Wahrnehmung selbst, sondern wir ordnen die Wahrnehmung einer Klasse zu, die mit dieser Wahrnehmung eine logische Einheit (eine Gestalt) bildet. Die Wertung bezieht sich dann auf diese Klasse, die letztlich eine Abstraktion darstellt, was dazu führt, dass wir auf eine Reihe unterschiedlicher, einzelner Wahrnehmungen in gleicher oder ähnlicher Weise ablehnend

---

[19] Dieses Verhalten hatte nach Auffassung der Evolutionsbiologen Vorteile für das Überleben der Individuen, bzw. ihrer Nachkommen und konnte sich deshalb in der Evolution durchsetzen.

oder zustimmend reagieren. Wir sprechen dabei von Einstellungen, bzw. von Einstellungslernen, wenn es um die Verknüpfung dieser Wahrnehmungsklassen mit einer emotional gefärbten Reaktion geht. Insofern bestimmen unsere Einstellungen die Richtung unseres Verhaltens.

2.4.5.1 Definitionsversuche von Werten und Abgrenzung gegenüber Einstellungen

Werte werden von verschiedenen Autoren sehr unterschiedlich definiert. Auch in dem Beitrag von Six & Felfe (2004) wird festgestellt »wie schwierig eine allgemein verbindliche Definition des Wertkonstrukts ist.«

Rokeach (1973, S. 5, zitiert nach Six & Felfe, 2004) definiert Werte über stabile Überzeugungen: »Ein Wert ist eine stabile Überzeugung, dass eine bestimmte Verhaltensweise oder ein bestimmter Endzustand (endstate of existence) einem entgegengesetzten Verhalten oder Endzustand im persönlichen oder sozialen Bereich vorgezogen wird. Ein Wertesystem ist eine stabile Organisation der Überzeugungen hinsichtlich der präferierten Verhaltensweisen oder Endzustände, die auf einem Kontinuum relativer Wichtigkeit angeordnet sind.«

Eine ähnliche Definition haben Schwartz und Bilsky (1987, S. 551) vorgeschlagen. Werte sind nach diesen Autoren »Überzeugungen, die a) sich auf erwünschte und erstrebenswerte Ziele beziehen, b) einzelne Handlungen und Situationen transzendieren, c) als Standards bei der Auswahl oder Bewertung von Handlungen, Personen und Ereignissen dienen und d) durch ihre Wichtigkeit untereinander verknüpft sind«.

Wenn man diesen Definitionen folgt, dann kann der Autor keinen wesentlichen Unterschied mehr zu dem Konzept der Einstellung erkennen. Wenn von »stabilen Überzeugungen« gesprochen wird, dann klingt das, als ob die kognitive Seite überwiegt, allerdings wird aus der darauf folgenden Beschreibung deutlich, dass die »stabilen Überzeugungen« eine deutliche emotionale Komponente haben, auf Grund deren die Bevorzugung der Verhaltensweise erfolgt.

Six und Felfe (2004) differenzieren zwischen Einstellung und Wert, indem sie offensichtlich »Wert« als den übergeordneten Begriff ansehen, wie aus der Formulierung: »Dass Werte die Einstellungen zur Arbeit beeinflussen ...« (S. 600) deutlich wird. Die Autoren zitieren in diesem Zusammenhang ein älteres Buch von Rokeach (1968, S. 160), dessen Aussagen sie heute noch für gültig ansehen. Die Beziehung zwischen Einstellungen und Werten sind nach dieser Veröffentlichung davon bestimmt, dass »eine Einstellung mehrere Überzeugungen repräsentiert, die auf ein spezifisches Objekt oder eine spezifische Situation bezogen sind, während ein Wert nur eine einzige Überzeugung beinhaltet, die Handlungen und Urteile über spezifische Objekte und Situationen hinaus beeinflusst (transcendentally guides), und zwar jenseits von unmittelbaren Zielen hin zu eher ultimativen Endzielen der menschlichen Existenz. Darüber hinaus sind Werte, anders als Einstellungen, ein Imperativ für Handlungen und nicht nur Überzeugungen vom Wünschenswerten, sondern beinhalten eine Präferenz für das Wünschenswerte (a preference for the preferable)«.

Diese Differenzierung ist allerdings – wenn überhaupt – nur eine graduelle. Auch Einstellungen können ein »Imperativ für Handlungen« beinhalten, wie z. B. aus vielen Untersuchungen zu den Vorurteilen (als spezifische Form von Einstellungen) gegenüber Minderheiten deutlich wird, und nicht jeder Wert bezieht sich auf »ultimative Endziele der menschlichen Existenz« wie z. B. an dem Wert »Macht« deutlich wird.

Rokeach (1973, S. 3) bringt eine Aufzählung von Annahmen über Werte, die darauf überprüft werden sollen, ob sie gegenüber Einstellungen differenzieren:

(1) Die Zahl der Werte, die eine Person besitzt, ist relativ klein. (Es ist unstrittig, dass eine Person wahrscheinlich mehr Einstellungen als Werte besitzt, allerdings ist das auch nur ein gradueller Unterschied.)

(2) Alle Menschen verfügen über die gleichen Werte in unterschiedlichem Ausmaß. (Das ist eine Behauptung, die wohl nur dann aufrecht erhalten werden kann, wenn man »unterschiedliches Ausmaß« so weit interpretiert, dass dieses Ausmaß auch »Null« sein kann. Man denke nur an die unterschiedliche Interpretation des Wertes »eheliche Treue« in verschiedenen Kulturen oder sozialen Konstellationen.)

(3) Werte sind in Wertesystemen organisiert. (Auch Einstellungen sind hierarchisch geordnet und daher zumindest individuell in ein Wertesystem einzuordnen.)

(4) Die Grundlagen menschlicher Werte sind auf Bedingungen in Kultur, Gesellschaft, Institutionen und Persönlichkeit zurückzuverfolgen. (Das gilt sicher auch für Einstellungen.)

(5) Die Konsequenzen von Werten sind in fast allen sozialen Phänomenen nachweisbar, die Gegenstand sozialwissenschaftlicher Untersuchung sind. (Auch das gilt für Einstellungen, vielleicht sogar noch mehr, als für Werte.)

Auch die vier Merkmale der Autoren Schwartz und Bilsky (1987) lassen sich weitgehend auf das Konzept der Einstellungen übertragen:

Sowohl Einstellungen als auch Werte a) beziehen sich weitgehend auf erwünschte und erstrebenswerte Ziele, wenn auch das Ziel bei negativen Einstellungen in der Vermeidung besteht, b) transzendieren Handlungen und Situationen, sie begleiten zumindest Handlungen und Situationen, c) sie dienen als Orientierung, wenn nicht als Standards bei der Auswahl oder Bewertung von Handlungen, sowohl den eigenen als auch der Bewertung von Handlungen anderer, und d) sind sie in ihrer Wichtigkeit untereinander verknüpft.

Auch das »Zwiebelmodell« (Stackman, Pinder und Connor, 2000, Hunt, 1991), nach dem zentrale und periphere Werte unterschieden sind, kann man und wurde auch schon auf Einstellungen bezogen. Zentrale Einstellungen werden solche mit einer hohen Ich-Beteiligung angesehen, die sehr schwer oder nicht zu verändern sind (McGinnies und Rosenbaum, 1965; Martens, 1998a).

Ähnliches gilt für das »Amöbenmodell« (Stackman et al. 2000), das davon ausgeht, dass je nach Kontext (Berufsleben, Familie, Freizeit, Gesellschaft) ein und derselbe Wert unterschiedliche Relevanz besitzen kann. So kann der Wert »Liebe zur Macht« (oder »positive Einstellung zur Macht«) im Berufsleben und in der Familie, bzw. in der Ehe einen völlig anderen Stellenwert besitzen. Immer wieder beobachtet man Manager, die im Beruf einen »sehr strikten Kurs fahren«, die eifrig darauf bedacht sind, dass ihnen niemand auch nur einen kleinen Teil ihrer Macht und ihres Einflusses streitig macht, während sie zuhause sich von ihrer Frau Vieles sagen lassen und eher die zweite Rolle spielen.

Ein anderes Beispiel wird von Himmler berichtet, der bei der Verfolgung der Juden sich unbegreiflich grausam zeigte, während er gegenüber seiner Familie und vor allem gegenüber seinen Kindern als sehr einfühlsam und als vorbildlicher Familienvater beschrieben wird. Grafisch dargestellt entspricht jeder Kontext einer Ecke, in die sich der Wert, wie eine Amöbe mehr oder weniger nähert. Man kann also auch das »Amöbenmodell« für Einstellungen in Anwendung bringen.

Auch Six und Felfe (2004, S. 601) sprechen von einer »konzeptuellen Schnittmenge« von Werten und Einstellungen, und weisen darauf hin, dass es sich bei der Definition von Einstellungen von Eagly und Chaiken (1998) nach der unter »Einstellung« eine psychologische Tendenz verstanden wird, die sich in der Bewertung bestimmter Phänomene zeigt, die mit einem gewissen Grad an Bevorzugung oder Ablehnung versehen ist (»expressed by evaluating a particular entity with some degree of favor or disfavor«) auch um eine Definition von »Wert« handeln könnte. Auch diese Autoren weisen darauf hin, dass die bei der Definition von Einstellungen angesprochene Bewertung von sozialen Sachverhalten auf implizite oder explizite Standards zurückgegriffen wird, die letztendlich nichts anderes sind als Werte. Allerdings machen sie auch deutlich, dass es zwischen Werten und Einstellungen eine »klare hierarchische Reihung« gibt, dass nämlich nach der Meinung der Autoren die Werte die Einstellungen bestimmen. »Die schlichte Determinationsabfolge, wonach Werte die Einstellungen und Überzeugungen und diese wiederum die Verhaltensintentionen beeinflussen, die dann die entscheidenden Verhaltensdeterminanten sind, macht zwar einen ebenso sinnfälligen wie überzeugenden Eindruck, wird aber nur selten durch seriöse empirische Untersuchungen belegt« (S. 601).

Resümee:
Eine strenge Trennung von Werten und Einstellungen ist im Einzelfall schwierig und nur graduell zu treffen. Unstrittig scheint zu sein, dass »Werte« der übergeordnete Begriff ist, dass also einem Wert wie z.B. Macht mehrere Einstellungen zugeordnet werden können, wie etwa eine positive Einstellung zur eigenen Dominanz, die Überzeugung (oder Einstellung), dass andere Menschen das Bedürfnis haben, geführt zu werden usw.. Die Unterscheidung von Wert und Einstellung hat darüber hinaus keine praktische Relevanz. Hier wird dem Konzept »Einstellung« gegenüber dem Konzept »Wert« der Vorzug gegeben, da sich die experimentellen Untersuchungen zur Veränderung der individuellen Ausprägung des entsprechenden Phänomens deutlich häufiger auf das Konzept Einstellungen beziehen.
So wie hier davon gesprochen wird, dass das Übernehmen (Lernen) oder Verändern von Einstellungen zu den affektiven Lernzielen gehört, kann man ebenso das Erwerben von Werten, bzw. das Vermitteln von Werten zu den affektiven Lernzielen rechnen.

2.4.5.2 Die Steuerung des Verhaltens durch Einstellungen bzw. Werte

Im Folgenden soll versucht werden in einem Schema den Verlauf unterscheidbarer Stufen von einer Wahrnehmung zur Handlung unter Berücksichtigung der Bewertung dieser Wahrnehmung schematisch aufzuzeigen. An Hand dieses Schemas soll dann untersucht werden, wo die Lernbedingungen bei der Vermittlung affektiver Lernziele ansetzen und wie sie entsprechend gestaltet werden sollten.

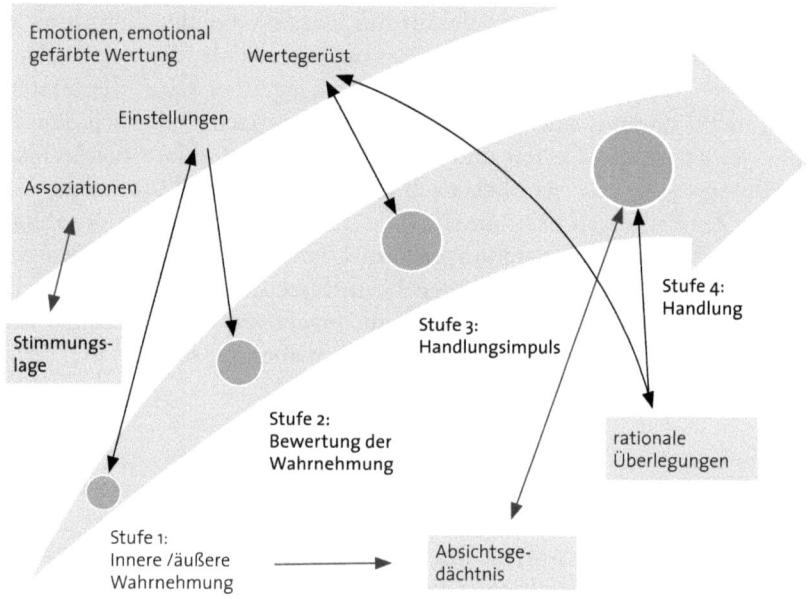

Abb. 9: Von der Wahrnehmung zur Handlung: Emotionen als wesentliche Einflussgröße beim Zustandekommen einer Handlung

Stufe 1: Innere oder äußere Wahrnehmungen (Auswahl der Wahrnehmungen, die uns bewusst werden):
In dem Modell, mit dem der Einfluss der Emotionen auf die Handlungen deutlich gemacht werden soll, geht der Autor davon aus, dass alle Handlungen ihren Ursprung in einer inneren oder äußeren Wahrnehmung haben. Diese Wahrnehmung ist gleichsam der Startpunkt für einen Prozess, der letztlich in einer Handlung oder einer unterlassenen Handlung endet. Bereits bei der Auswahl der Wahrnehmungsinhalte, die uns bewusst werden, spielen Gefühle eine wesentliche Rolle. Zum einen beeinflusst die allgemeine Stimmungslage diese Wahrnehmung, dabei sind es oft Stimmungen, die dem Handelnden nicht bewusst sind, die aber trotzdem die Auswahl der bewusst werdenden Wahrnehmungsinhalte beeinflussen. Diese Stimmungen wirken z. B. auf die Sensibilität, mit der Wahrnehmungen gewahr werden. Von den Millionen Reizen, die laufend unsere Sinne treffen, werden nur die bewusst wahrgenommen,

denen wir eine Bedeutung geben (in denen wir eine Struktur, eine »Gestalt« sehen) und die in der Vergangenheit mit intensiven Gefühlen assoziiert wurden. Bei der unbewussten, automatischen Auswahl dessen, was uns bewusst wird, spielen also Lernprozesse eine wesentliche Rolle. Wir werden also eher Reize bewusst aufnehmen, mit denen wir in der Vergangenheit wichtige Emotionen verbunden haben. Untersuchungen haben den Einfluss von Belohnung und Bestrafung auf das Wahrnehmen von Figur und Grund nachweisen können. (S. Experiment von Schaer & Murphy berichtet in Reykowski, 1973, S. 160; ebenso Postman, 1953, S. 83 – 84 u.S. 86: »Es gibt Beweise, dass Bestrafung und Belohnung den Erwerb von Dispositionen für perzeptives Reagieren beeinflusst«). Andererseits beeinflussen die Wahrnehmungen natürlich auch die Emotionen, die Beeinflussung ist also gegenseitig.

Stufe 2: Bewertung der Wahrnehmung:
Sobald wir aus den vielfältigen Sinneseindrücken eine sinnvolle Wahrnehmung herausgefiltert haben, wird diese automatisch bewertet: das Wahrgenommene ist für unsere Person und für die Verfolgung unserer Ziele nützlich, hinderlich oder neutral. Die Kategorien, nach denen diese Bewertung erfolgt sind emotionaler Natur, auf jeden Fall aber stark emotional gefärbt. Der Prozess der Bewertung der Wahrnehmung geschieht so schnell, dass eine rationale Abwägung von Vor- und Nachteilen der Elemente der Wahrnehmung für das Erreichen der gesetzten Ziele nicht möglich ist.

Die Bewertung erfolgt aufgrund von Assoziationen, in Form von Gefühlen oder Stimmungen, die durch die Wahrnehmung ausgelöst werden und die in Gestalt einer bedingten Reaktion in früherer Zeit einmal gelernt wurden. Neben den fast »körperlichen« Reaktionen der bedingten Reflexe oder Reaktionen werden durch die Wahrnehmungen auch abstrakte Werte bzw. Einstellungen angesprochen, wodurch die Wahrnehmung in bewertete Kategorien eingeordnet wird. Dies geschieht in einer ersten Stufe noch ohne Beteiligung eines umfassenden Wertegerüstes. Einige Menschen beurteilen Juden negativ, ohne deshalb ein antijüdisches Weltbild zu besitzen (Einstellungen).

Allerdings kann die Wahrnehmung auch komplexe Wertegerüste ansprechen und ihre Bewertung daraus erfahren. Die Einordnung der Wahrnehmungen in ein umfassendes Werte- oder Einstellungsgerüst ist ein kognitiver Vorgang, insofern sind kognitive Prozesse bei der Bewertung der Wahrnehmungen, sofern sie Einstellungen betreffen, mit involviert. Aufgrund der Einordnung der Wahrnehmungen in ein umfassendes Wertegerüst wird entschieden, ob diese Wahrnehmung in das eigene Weltbild, oder in das komplexe Selbstbild passt oder dieses eher bedroht. Auch diese auf emotionalen Reaktionen beruhenden Bewertungen sind gelernt.

Die Bewertung der Wahrnehmung erfolgt also in der Regel durch das von Kuhl (2001) so genannte »Extensionsgedächtnis«, das eng mit dem Selbst verbunden ist (s. unten, Kapitel 2.4.7).

Stufe 3: Handlungsimpuls:

Für die wahrnehmende Person ergibt sich aus dieser Bewertung der Wahrnehmung in der Regel ein Handlungsimpuls. Sie möchte vielleicht (1) dem Gefühl Dauer geben und daher den auslösenden Reiz und damit z. B. den wahrgenommenen Gegenstand oder die Person besitzen, oder (2) im Gegenteil sich von der Wahrnehmung und damit von dem Gegenstand bzw. der Person trennen bzw. sich aus der Situation entfernen oder (3) die Situation und die als Auslöser identifizierte Person (oder das Objekt) wird als Bedrohung interpretiert, so dass der Handelnde dem Gegenstand bzw. der Person gegenüber aggressiv reagiert (um nur drei grundsätzlich unterschiedliche Handlungsimpulse anzusprechen). Dieser Handlungsimpuls wird bewusst (wie man inzwischen aus Untersuchungen des Gehirns weiß, geschieht das eine kurze Zeit, nachdem der Handlungsimpuls entstanden ist) und auch er wird bewertet. Hier spielen die gleichen emotionsgeladenen Kategorien eine Rolle, die schon bei der Bewertung der Wahrnehmung aktiv waren. Allerdings liegt der Schwerpunkt jetzt mehr auf der kognitiven Bewertung, also auf dem Wertegerüst. Darüber hinaus kommen jetzt rein rationale Überlegungen z. B. der Zweckmäßigkeit oder der Vereinbarkeit mit den gesetzten Zielen hinzu.

Zu einem Handlungsimpuls kann es auch unter Umgehung der Bewertung der Wahrnehmung kommen und zwar dann, wenn im »Absichtsgedächtnis« (auch »Ausführungssystem« genannt: Kuhl, 2001, s. Kapitel 2.4.7) ein Handlungsprogramm gespeichert ist, das nur auf den auslösenden Reiz wartet und bei dem die Bewertung gleichsam schon früher (für alle Fälle) abgeschlossen ist, damit man schneller und mit weniger Aufwand reagieren kann.[20]

---

[20] Auf der Stufe des Handlungsimpulses kann man noch zwischen der eigentlichen Absicht und dem Handlungsprogramm unterscheiden, was der Autor aus Gründen der Vereinfachung nicht tut.

Stufe 4: Handlung:

Wenn die Bewertung des Handlungsimpulses positiv abgeschlossen ist, wird der Handlungsablauf in Gang gesetzt. Natürlich wird das Ergebnis der jeweiligen Handlung laufend wahrgenommen und es kann zu einer Unterbrechung der vorgesehenen Handlung kommen, wenn die Ergebnisse nicht den Erwartungen entsprechen. Dann wird der hier beschriebene Ablauf erneut in Gang kommen und zu einer neuen Bewertung der Situation und der geeigneten Handlung führen. Bei der Bewertung der Handlung sowie der Beurteilung der Bewertungskategorien spielen auch rationale Überlegungen eine wesentliche Rolle.

2.4.5.3 Anwendung der schematischen Darstellung auf ein Beispiel:

Im Folgenden wird versucht, den schematischen Ablauf von der Wahrnehmung zur Handlung auf eine alltägliche Begebenheit anzuwenden. Dabei werden die einzelnen Stufen den Gehirnaktivitäten zugeordnet. Bei dem jetzigen Stand der Forschung kann das nur ansatzweise versucht werden. (Auf die Funktionen des Gehirns wird weiter unten im Kapitel noch näher eingegangen):
Stellen Sie sich vor, Sie sind mit Ihrem Auto auf dem Weg in die Ferien. In einer Ortsdurchfahrt sehen Sie einen Mann in Uniform mit einer Kelle winken. In einem Bruchteil einer Sekunde erkennen Sie das auf Ihrer Retina entstandene Bild. Der für visuelle Wahrnehmung zuständige Bereich der Hirnrinde, die primäre Sehrinde, setzt die Einzelwahrnehmungen zu dem Bild (zu der »Gestalt«) »Polizist« zusammen. Die in dieser Situation entspannte Stimmungslage der Urlaubsfahrt hat keinen Einfluss auf die Wahrnehmung. Nur Millisekunden später erreichen die Signale den Thalamus in dem wieder in Millisekunden entschieden wird, ob die Signale wichtig sind, ob sie beachtet werden sollen, also ob sie an weitere Areale weitergeleitet werden sollen. Der Thalamus steht mit vielen anderen Bereichen des Gehirns, vor allem auch mit dem limbischen System, das für die Gefühle zuständig ist, in Verbindung, um die Entscheidung »wichtig / unwichtig« in Bezug zur Gesamtsituation (Fahrt in den Urlaub im Gegensatz z.B. zu Schlaf oder Paarungssuche) passend treffen zu können. Man bezeichnet den Thalamus daher auch »Tor zum Bewusstsein«. (Das alles passierte in der Stufe 1: Wahrnehmung).

In dem hier geschilderten Fall entscheidet der Thalamus: »hoch wichtig« und meldet den Reiz gleichzeitig an die Amygdala (Mandelkern), dem emotionalen Zentrum, einem Teil des Limbischen Systems und an das Großhirn.

Im Großhirn wird in dem Absichtsgedächtnis ein Programm aufgerufen, das für »Bremsen« zuständig ist. Dieser Handlungsimpuls (Stufe 3) wird (nachdem vielleicht noch die Alternative »Flucht« verworfen wurde) ohne weitere Verzögerung als »passend« beurteilt und in die Handlung »Bremsen« umgesetzt.

Die Amygdala ist hauptsächlich dafür zuständig, vor Gefahren zu warnen (allerdings legen neuere Ergebnisse nahe, dass sie bei jeder Form von Erregung, also auch bei der Sexualität beteiligt ist). In ihr sind die Bilder gespeichert, die in der Vergangenheit mit Gefahr verbunden waren. Nachdem das Bild »Polizist« dazu gehört, wird die Amygdala sofort aktiv und bereitet den ganzen Körper darauf vor, der Gefahr zu begegnen, indem sie die Hormone Adrenalin des Angstprogramms ausschüttet (Stufe 2: Bewertung der Wahrnehmung). Die Bewertung der Wahrnehmung hat Ihren Körper auf Gefahr vorbereitet und liefert (neben dem automatisch ablaufenden Handlungsprogramm für das Bremsen und das Öffnen der Fensterscheibe) eine Reihe von Handlungsimpulsen. Sie sind z. B. frustriert und möchten am liebsten den Polizisten über den Haufen fahren oder wenigstens beschimpfen, was ihm einfällt Ihre Urlaubsfahrt zu unterbrechen (Stufe 3: Handlungsimpuls). Die Bewertung dieser Handlungsimpulse durch Abgleichen von gespeicherten, emotionsreichen Erfahrungen in ähnlichen Situationen und mit den relevanten Einstellungen und Bewertungen (»der arme Polizist macht doch nur seine Pflicht«) führt zu der Entscheidung andere, ebenfalls vorhandene Handlungsimpulse aus der Hirnrinde abzurufen und Sie begrüßen den Polizisten ganz freundlich und fragen ihn, welchen Grund es für sein Verhalten gibt (Stufe 4: Handlung).

Natürlich erhebt dieses Modell nicht den Anspruch exakt der Wirklichkeit zu entsprechen. Wie alle Modelle der Psychologie hat auch dieses Modell nur einen heuristischen Wert. Er liegt darin zu zeigen, wie wichtig es ist, zwischen der emotionalen Bewertung der Wahrnehmung (Ebene 2) und der Bewertung des Handlungsimpulses (Ebene 3) zu unterscheiden. Bei der Vermittlung affektiver Lernziele geht es vor allem darum, dem Adressaten deutlich zu machen, wie wichtig es ist, die Chance der emotionalen Bewertung des Handlungsimpulses zu nutzen und ihn üben zu lassen, auch bei Konflikten diese Chance immer wieder zu nutzen. Mit einiger Übung kann es dann sogar gelingen, aufgrund von rationalen Überlegungen Einfluss auf die eigenen, die Wahrnehmung und die Handlung bestimmenden, gefühlshaften Bewertungen Einfluss zu nehmen, um ein persönlich wichtiges Ziel zu erreichen.

2.4.6 Vermittlung affektiver Lernziele in der Praxis

Die oben dargestellten Überlegungen zur Vermittlung affektiver Lernziele haben bei der Konzeption einer Reihe von Projekten durch den Autor Eingang gefunden. Es werden hier drei Beispiele dargestellt:

- eine einfache Broschüre gegen das Rauchen,
- ein komplexes System verschiedener Medien und Methoden bei der Unterweisung von angehenden Versicherungsverkäufern und
- ein multimediales Selbstlernprogramm, mit dem eine komplexe, erfolgsbestimmende Einstellung zu sich selbst und seinem Leben vermittelt wird.

In allen drei Fällen liegt dem Vorgehen folgendes theoretische Modell zugrunde:

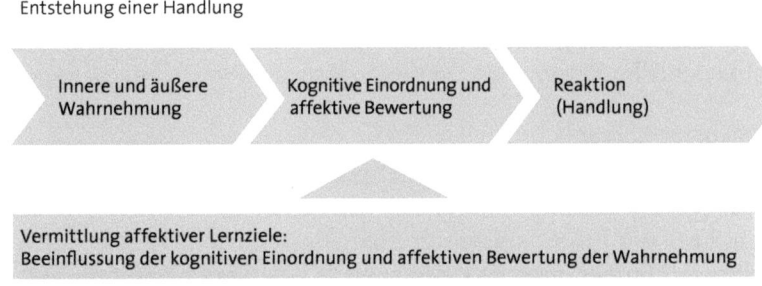

Abb. 10: Das theoretische Modell der Vermittlung affektiver Lernziele

Vereinfacht betrachtet entsteht ein Verhalten (eine Reaktion) aus einer bewerteten Wahrnehmung. Bei der Vermittlung affektiver Lernziele werden die kognitiven und affektiven Bewertungskategorien beeinflusst, bzw. verändert, so dass die Wahrnehmung in veränderter Form bewertet wird, als vor dem Lernen.

2.4.6.1 Vermittlung affektiver Lernziele am Beispiel der Anti-Raucher-Broschüre »Spielen Sie mit!«:

Ausgangslage (Lernziele, Adressaten, Einsatzbedingungen):

Einer der ersten Projekte des IWL[21] war die Entwicklung einer Programmierten Unterweisung im Auftrag der Bundeszentrale für gesundheitliche Aufklärung, mit dem Ziel, Jugendliche daran zu hindern, mit dem Rauchen anzufangen. (Günther & Martens, 1970). Das unter der Leitung des Autors stehende Team, das diese Broschüre entwickelte, definierte das Lernziel folgendermaßen:

Die Adressaten (Jugendliche im Alter von 13 – 16) sollten eine positive Einstellung zum Nichtrauchen und eine negative Einstellung zum Rauchen entwickeln. Die Autoren gingen davon aus, dass eine solche Einstellung auch das Verhalten der Jugendlichen beeinflussen würde.

Die Broschüre war für den Einsatz im Unterricht von Schulen gedacht. Die Jugendlichen sollten die Broschüre (in der Testphase) während des Unterrichts im Beisein des Lehrers bzw. der Lehrerin durcharbeiten.

Didaktische Konzeption:

Entsprechend den affektiven Lernzielen (Einstellungsbildung, bzw. Einstellungsänderung), waren die theoretischen Grundlagen für die Broschüre die Erkenntnisse der Einstellungsforschung. Nachdem Einstellungen immer auch eine bedeutende kognitive Komponente haben, mussten auch Einsichten vermittelt werden (z.B. die Wirkung von Nikotin). Zur Vermittlung dieser Lernziele bildete die schon bewährte gestaltpsychologische Lerntheorie die Grundlage. Eine Beschreibung des Lernmodells des Einstellungslernens und der Anti-Raucher-Broschüre findet sich in dem Buch »Verhalten und Einstellungen ändern« (Martens, 1998a, vor allem S. 298 – 328) und in einigen Aufsätzen (z.B. Martens, 1985).

Realisierung:

Der Autor und seine Mitarbeiter rechneten damit, dass die Zigarettenindustrie die Broschüre gründlich daraufhin untersuchen würde, ob sie Gründe finden, sie zu verbieten. Bei der Realisierung wurden daher ein

---

[21] Das IWL (Institut für wissenschaftlich Lehrmethoden, J.U. Martens) wurde als privatwirtschaftliches Institut von dem Autor im Jahre 1967 nach seinem Studium der Psychologie und Betriebswirtschaft in München gegründet.

Mediziner und ein Jurist mit dem Spezialgebiet gewerblicher Rechtsschutz hinzugezogen, um sicher zu stellen, dass keine fachlichen Fehler oder rechtlich problematischen Zitate in der Broschüre enthalten sind.

Ergebnisse (Lernerfolg, Evaluation):
Mit einem Einstellungsfragebogen (Martens, 1998a, S. 252) konnte man eine signifikante Veränderung der Einstellungen zum Rauchen vor und nach der Bearbeitung der Broschüre feststellen. Das Lernziel wurde also erreicht. Ob durch diese Einstellungsveränderung die Jugendlichen nach der Bearbeitung der Broschüre tatsächlich nicht zu rauchen anfangen, konnte im Rahmen des Auftrags nicht festgestellt werden, da man dafür eine große Zahl von Adressaten und einer Kontrollgruppe eine längere Zeit hätte beobachten müssen, was nicht möglich war.

Der Erfolg der Broschüre konnte nur in der Testphase erfasst werden, da die Bundeszentrale für gesundheitliche Aufklärung die Broschüre nur in einer Auflage von 10.000 Stück gedruckt hat (pro Schule in Deutschland ca. ein Exemplar!!). Das Gremium, das gebildet wurde, um Maßnahmen gegen das Rauchen von Jugendlichen zu entwickeln und das paritätisch mit Vertretern des Bundesgesundheitsministeriums und der Zigarettenindustrie (!) besetzt war, fand die Broschüre zu »einseitig«. (Ursprünglich wurden »rechtliche Bedenken« als Grund dafür vorgebracht, dass die Broschüre nicht gedruckt wird. Eine genauere Prüfung hat jedoch ergeben, dass sich rechtlich nichts gegen das Programm aussetzen ließ.)[22]

Die Ergebnisse der Einstellungstests zeigten einen Unterschied zwischen Testergebnissen im affektiven und kognitiven Bereich, den der Autor auch schon bei anderen Untersuchungen beobachten konnte und der in der Tabelle 1 zum Unterschied zwischen affektiven und kognitiven Lernzielen (Kapitel 2.4.4.3) erwähnt wurde:

Die Vergessens-Kurve im kognitiven Bereich verläuft in der Regel so, dass nach dem Lernen zuerst viel und dann immer weniger vergessen wird (Ebbinghaussche Vergessens-Kurve). Die Ergebnisse, die wir im Zusammenhang mit der Anti-Raucher-Broschüre gewonnen haben, legten die Vermutung nahe, dass bei der Beeinflussung von Einstel-

---

[22] Das Resümee in einer anderen Broschüre, die das Gremium gegen das Rauchen herausgegeben hat, lautete: »Wenn man die Vor- und Nachteile des Rauchens gegeneinander abwägt, kommt man nicht umhin feststellen zu müssen, dass das Rauchen für Jugendliche unter 16 Jahren und für Schwangere nicht ganz ungefährlich ist.« (Aus dem Gedächtnis zitiert.)

lungen der Wert der Einstellungsänderung nach der Maßnahme (nach dem »Lernen«) zunächst ansteigt und erst später wieder abnimmt. Der Autor vermutet einen Höhepunkt der Veränderung (je nach Art der Beeinflussung und Situation) nach einer bis drei Wochen. (Siehe Abb. 11)

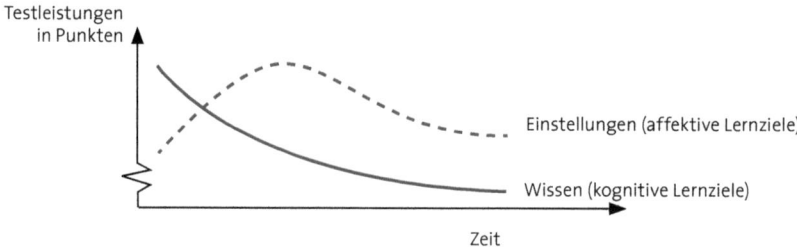

Abb. 11: Verlauf der »Vergessens-Kurve« bei Wissen und bei Einstellungen

Die Behauptung eines solchen Verlaufs der »Vergessens-Kurve« im affektiven Bereich kann der Autor mit wissenschaftlich gesicherten Daten nicht belegen. Diese Beobachtung stellt daher zunächst nur eine Hypothese dar, die noch genauer untersucht werden müsste.

2.4.6.2 Am Beispiel der Vermittlung von Lernzielen innerhalb des ALM.

Auf das Konzept des ALM (Allianz Lehrsystem im Medienverbund) zur Ausbildung von Versicherungsverkäufern wurde schon eingegangen (s. 2.3.4). Hier wird der Fokus auf einige zusätzliche Aspekte bei der Vermittlung der affektiven Lernziele des ALM gelegt. Auch hier sei auf die ausführliche Darstellung in dem Buch »Verhalten und Einstellungen ändern« (Martens, 1998a) verwiesen.

Ausgangslage (Adressatenanalyse, Lernziele):
Das ALM ist ein sehr komplexes Lehrsystem, bei dem neben den umfangreichen kognitiven Lernzielen alle Formen von affektiven Lernzielen vermittelt werden sollten. Die Angst vor dem Klingel an einer fremden Haustüre ist dem Signallernen zuzuordnen, die Verbesserung des Image des Produktes Versicherung und des Versicherungsverkäufers, um nur zwei Beispiele zu erwähnen, ist ein typisches Bespiel für Ein-

stellungslernen und die das optimale Verhalten in der Verkaufssituation gehört zum sozialen Lernen.

Um das Vorgehen und die Formulierung von affektiven Lernzielen zu demonstrieren, greifen wir hier zwei Lernziele heraus, die wir näher betrachten: Wie schon erwähnt hat die Adressatenanalyse ergeben, dass bei der Mehrzahl der Lernenden vor allem zwei Einstellungen vorherrschten, die den Erfolg der Ausbildung wesentlich behinderten: Die Teilnehmer hatten eine sehr skeptische Haltung gegenüber dem Beruf des Versicherungsverkäufers und sie waren überzeugt, dass man zum Verkaufen geboren sein muss, dass es sich dabei nicht um eine Fähigkeit handelt, die man erlernen kann.

Entsprechend sollten folgende Groblernziele erreicht werden:
- Der Teilnehmer besitzt eine positive, dem Verkaufsgespräch förderliche Einstellung zu seinem Beruf und zu seiner Arbeit.
- Der Teilnehmer ist überzeugt, dass der Erfolg im Versicherungsverkauf nicht durch »angeborene Eigenschaften« programmiert ist, sondern nur durch Fleiß und Organisation erreicht werden kann.[23]

Didaktische Konzeption:
Auch das didaktische Konzept kann hier nur ganz grob dargestellt werden. Nachdem es sich beim ALM um ein sehr vielschichtiges Lehrsystem handelt, bei dem verschiedene Formen von Lernzielen vorkommen, wurden bei der Entwicklung der Konzeption die Lernziele den passenden Inhalten zugeordnet und in einzelne »Medienbausteine« gegliedert. Jeder Medienbaustein hatte daher eigene Lernziele, wobei den Bausteinen, die dem Thema »Verkauf« zugeordnet waren, primär affektive Lernziele vorangestellt waren. Diese Lernziele waren so formuliert, dass sie einem der drei Klassen (Signallernen, Einstellungslernen oder soziales Lernen) zuzuordnen waren. Die Vermittlungsmethoden orientierten sich an diesen Lernzielklassen. Bei den Bausteinen, die dem Bereich Einstellungslernen zugehörten, wurde z. B. das Entdecken der Argumente für die neue Einstellung als Vermittlungsform gewählt, während bei den Bausteinen, die zum Bereich soziales Lernen gehörten, das Lernen am Modell und damit die Demonstration von Vorbildern im Vordergrund stand.

[23] Hier werden zur Veranschaulichung des Vorgehens nur diese zwei Beispiele dargestellt. Der Katalog der affektiven Lernziele umfasste insgesamt 15 Groblernziele zu den Bereichen »Versicherungsverkäufer«, »Kunde«, »Versicherungsverkauf« und »Situation an der Tür«.

Der Autor und sein Team haben bei der Konzeption der Interventionen im ALM fast alle Regeln umgesetzt, die von den Untersuchungen zur Einstellungsänderung, zum sozialen Lernen und zum bedingten Reflex (Signallernen) abgeleitet werden konnten (Martens, 1998a, S. 122 – 169).

Realisierung:
Zur Bildung einer positiven Einstellung zum Beruf des Versicherungsverkäufers bzw. zu dessen Erlernbarkeit entsprechend der oben angeführten Lernziele wurde nach einem kurzen einführenden Referat den Teilnehmern ein Film gezeigt, in dem zwei Versicherungsverkäufer vorgestellt wurden. Beide Vertreter (dargestellt durch Schauspieler) wurden interviewt, wobei der Lernende während des Interviews die Szenen dargestellt sieht, die die Vertreter beschreiben.

Der erste Versicherungsverkäufer ist wenig erfolgreich. Er ist Pessimist und mit sich und seinem Beruf unzufrieden, wobei er allerdings keine Schuld bei sich sieht, sondern eine Reihe von äußeren Gründen anführt: »Es ist eben eine schlechte Zeit, die Leute haben kein Geld für Versicherungen.« Der Film ist so aufgebaut, dass sich der Betrachter mit dem »Helden« identifiziert und die Bedrückung an sich selbst zu spüren glaubt, die der weniger erfolgreiche Vertreter ausstrahlt (»Ich bin nicht umsonst magenkrank.«). Dies wirkt besonders stark auf die Adressaten, die dabei sind diesen Beruf zu ergreifen, sich nicht sicher sind, ob sie den Anforderungen gewachsen sind und sich daher noch intensiver mit der Person identifizieren.

Der zweite Versicherungsverkäufer ist erfolgreich. Man sieht, wie er mit Optimismus, Fleiß und viel Systematik an die Arbeit geht. Er verdient gut und hat sich ein Haus gebaut. Dabei wird vermieden, dass er als Streber erscheint. Er ist mit sich, seinem Leben und vor allem mit seinem Beruf zufrieden, und diese Zufriedenheit spürt die Zuschauer, der sich auch mit diesem Vertreter identifizieren.

Anschließend werden in den Seminaren die beiden Fälle diskutiert, die sich übrigens weitgehend an Personen anlehnen, die in der Adressatenanalyse beobachtet wurden. Bei der Diskussion kommen die Teilnehmer selbständig zu dem Ergebnis, dass sich die beiden Protagonisten vor allem durch ihre Einstellung zur Arbeit, zu sich selbst und zu ihrem Beruf unterscheiden. In einem Selbsttest können die Teilnehmer dann anschließend ihre eigenen Einstellungen überprüfen.

Nachdem die Teilnehmer ermittelt haben, welche Einstellungen sie zu den relevanten und offensichtlich erfolgsentscheidenden Bereichen eines Versicherungsverkäufers haben, werden in einer gelenkten Diskussion die Fragen behandelt, wie solche Einstellungen entstehen und ob, bzw. wie man seine eigenen Einstellungen beeinflussen kann. Auf dieses Thema wird im Laufe des Seminars noch öfter zurückgekommen und auf die Techniken zur Einstellungsänderung wird detailliert eingegangen.

Ergebnisse (Lernerfolg, Evaluation):
Zur Überprüfung der Frage, ob es uns gelungen ist, wie vorgesehen die Einstellungen der Adressaten zu verändern, wurden neben projektiven Verfahren vor allem Einstellungstests verwendet. Nachdem ein bestimmter Punktwert in einem Einstellungstest ohne Vergleichswerte nicht zu interpretieren ist, haben wir den Test an durchschnittlich erfolgreichen und an sogenannten »Stars« der Verkaufsszene (die 1% erfolgreichsten Versicherungsverkäufer der Allianz) evaluiert und die gewonnenen Werte zur Interpretation der Testwerte im Abschlusstest herangezogen. Darüber hinaus wurde der Einstellungstest bei den Adressaten vor der Schulung, am Ende der dreiwöchigen Schulung und nach ca. 3 und nach ca. 8 Monaten wiederholt. Dabei zeigte sich, dass bei allen affektiven Lernzielen durch die Schulung eine signifikante positive Veränderung erreicht wurde (s. Abb. 12).

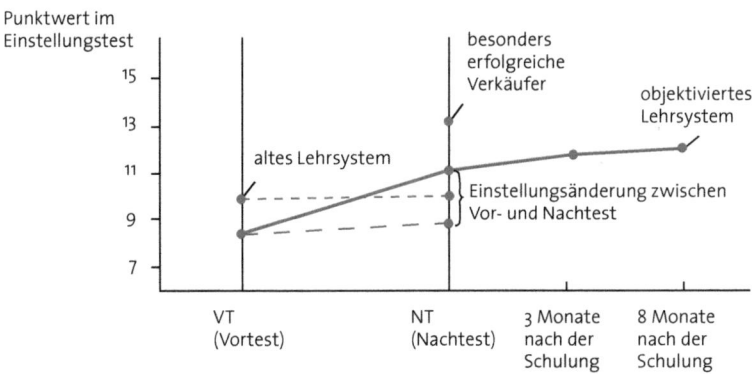

Abb. 12: Die Einstellung zum Beruf des Versicherungsverkäufers vor und nach der Verkaufsschulung

Beispielhaft ist hier der Verlauf der Änderung der Einstellung zum Beruf des Versicherungsverkäufers widergegeben. Die getesteten Adressaten des alten Lehrsystems hatten beim Vortest zufällig positivere Werte als die Adressaten die mit dem objektivierten Lehrsystems (ALM) unterwiesen wurden. Wie erwartet änderte sich der Wert während der Schulung mit dem alten Lehrsystem nicht (die Trainer hatten sich auch nicht darum bemüht), wohingegen sich der Wert während der Schulungen mit dem ALM im Durchschnitt um ca. 3 Punkte (und damit signifikant) verbesserte. Allerdings haben besonders erfolgreiche Versicherungsverkäufer einen noch höheren Wert, was auch nicht überrascht, da sie besonders viel Bestätigung aus ihrem Beruf bekommen. Die Einstellung zum Beruf des Versicherungsverkäufers hat sich auch nach der Schulung (Messungen ca. 3 und 8 Monate nach der Schulung) weiter positiv entwickelt, wenn auch die Veränderung zum Nachtest nicht signifikant waren.

Die Evaluation des Lehrsystems hat auch Schwächen deutlich gemacht. Das wurde deutlich, bei der Messung der Veränderung der Einstellung zum Kunden. Die Ergebnisse haben zu einer Überarbeitung bezüglich dieses Lernziels im ALM geführt haben. Erwähnt werden soll in diesem Zusammenhang ein Befund, der eine Besonderheit der Vermittlung affektiver Lernziele betrifft (s. 2.4.4.3, bzw. Tabelle1). Bei kognitiven Lernzielen gibt es kein »Zuviel«. Ein Adressat kann einen Zusammenhang oder ein Faktum nicht »zu gut« kennen. Anders sieht das bei affektiven Lernzielen aus. Eine positive Einstellung zum Kunden ist sicher gewünscht. Kann diese Einstellung zu gut sein? Sie ist dann zu gut, wenn der Adressat die im Lehrsystem erworbene Einstellung mit der Realität nicht in Einklang bringen kann.

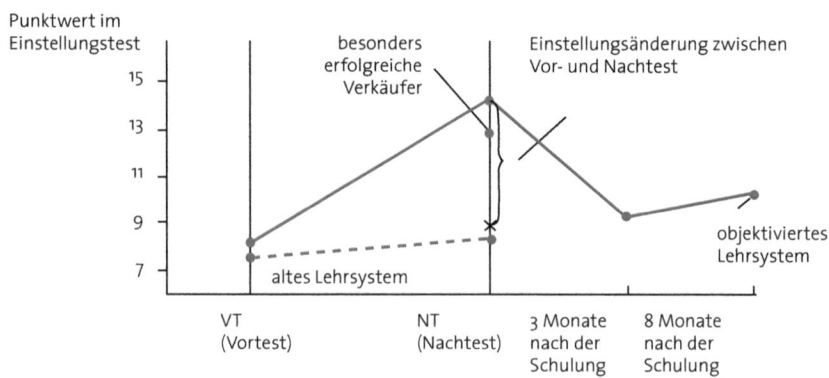

Abb. 13: Die Einstellung zum Kunden vor und nach dem Training

Beim Vergleich der Durchschnittswerte der Einstellung zum Kunden, die wir bei den Absolventen der Seminare messen konnten, mit den Werten, die wir bei den »Stars« bekommen haben, stellte sich heraus, dass die Adressaten am Ende des Lehrgangs eine positivere Einstellung zum Kunden hatten, als die besonders erfolgreichen Versicherungsverkäufer. Die Vermutung lag nahe, dass es sich hier um eine unrealistisch positive Einstellung handelt (schließlich verkaufen die besonders erfolgreichen Verkäufer ihre Versicherungen in erster Linie bei Stammkunden, die ihnen sehr wohl gesonnen sind) und dass es hinsichtlich dieser Einstellung durch die Erfahrungen der Realität einen erheblichen Rückschlag geben wird. Die in der Abb. 13 dargestellten Ergebnisse haben diese Erwartung bestätigt.

Bei einer Nachuntersuchung drei Monate nach der Schulung war der ermittelte Wert fast wieder auf den Ausgangspunkt zurückgefallen (Martens, 1987a, S. 103). Wir mussten also im ALM für eine realistischere positive Einstellung sorgen und die Teilnehmer auf die zu erwartenden »Enttäuschungen« vorbereiten.

2.4.6.3 .Am Beispiel des Multimediaprogrammes »Der persönliche Berater«

(ein E-Learning Programm):

Im Folgenden soll untersucht werden, in wie weit es in einem weiteren Projekt des Autors gelungen ist, affektive Lernziel zu vermitteln. Es handelt sich dabei um ein multimediales Selbstlernprogramm mit dem Titel »Der Persönliche Berater«.

Zunächst werden die Entstehung und der Hintergrund des für dieses Programm zentralen affektiven Lernziels näher dargestellt:

Gestalter- und Opfergrundhaltung:

Bei der Adressatenanalyse zur Entwicklung der Lehrsysteme für die Allianz Versicherungs-AG hatte der Autor Gelegenheit, sehr erfolgreiche und erfolglose Versicherungsverkäufer und Führungskräfte aus dem Verkauf in ihrem beruflichen Alltag zu beobachten und miteinander zu vergleichen. Dabei zeigte sich, dass die Wege zum Erfolg zu kommen, sehr unterschiedlich waren. Auch Handikaps wie z. B. das Stottern oder eine stark introvertierte Grundhaltung konnten durch einen individuellen Erfolgsweg und hohe Einsatzbereitschaft kompensiert werden.

Es fiel dem Autor bei der Beobachtung dieser Praktiker auf, dass sich alle Erfolgreichen in einem Punkt ähnelten: sie waren alle der festen Überzeugung Gestalter ihres Schicksals zu sein, während die Erfolglosen von dem Gedanken erfüllt waren, dass sie Opfer ihres Schicksals sind (von den falschen Eltern geboren, in der falschen Zeit leben usw.).

Entsprechend diesen Beobachtungen unterschied der Autor Verkäufer mit Gestaltergrundhaltung (sie waren der Überzeugung, Gestalter ihres Schicksals zu sein) und solche mit Opfergrundhaltung (sie waren der Überzeugung, Opfer des Schicksals zu sein)[24]. Diese Unterscheidung findet sich in dieser oder ähnlicher Form in einer Reihe von Konzepten unter verschiedenen Bezeichnungen: Gestaltergrundhaltung, Opfergrundhaltung und Selbstqualifizierung (Martens, 2003a, 2003b); Selbstwirksamkeitsüberzeugung (Bandura, 1977b, 1977c, 1986, 1997; Gist & Michell, 1992; Saks, 1994 und 1997); Handlungsorientierung, Lageorientierung (Martens & Kuhl, 2011; Kuhl, 2001); Learned Optimism für die Gestaltergrundhaltung (Seligmann, 2006); Learned Helplessness für die Opfergrundhaltung (Peterson, Maier & Seligmann, 1993).

Untersuchungen der oben zitierten Autoren haben gezeigt, dass sich durch eine höhere Selbstwirksamkeitsüberzeugung auch der Transfer der gelernten Inhalte in die Praxis erhöht. Personen mit hohem Selbstwirksamkeitserleben sind eher als Personen mit geringer Selbstwirksamkeit in der Lage, ihre verfügbaren Fähigkeiten und Ressourcen zielangemessen einzusetzen (Gist & Mitchell, 1992). Darüber hinaus, sind Personen mit hohem Selbstwirksamkeitserleben in der Regel eher bereit, schwirige Ziele als persönliche Ziele zu übernehmen, als Personen mit geringerer Selbstwirksamkeit (Earley & Lituchy, 1991; Phillips & Gully, 1997).

Daraus kann man ableiten, dass es wichtig ist, bei Lehrsystemen und sonstigen pädagogischen Interventionen, die das Ziel haben die Adressaten erfolgreich zu machen, die Selbstwirksamkeitsüberzeugung mit zu vermitteln. Das lässt sich z. B. dadurch erreichen, dass in dem Lernprozess Aufgaben gestellt werden, die die Adressaten als für sie schwierig zu lösende Probleme ansehen, die sie aber dennoch lösen können. Die Lösung von Problemen, so wie das Erreichen von Zielen, bringt einen Effekt mit sich, der persönlichkeitsbildend genannt werden kann. Wenn die Lösung eines Problems oder das Erreichen eines Zieles von dem Adressaten als schwierig eingestuft wurde, es ihm aber trotzdem gelungen ist, die Lösung zu finden, so steigert das sein Selbstwertgefühl und seine Überzeugung der Selbstwirksamkeit, oder wie Kuhl es nennt die Handlungsorientierung oder wie der Autor es nennt die Gestaltergrundhaltung. Andererseits ist die Frage, welcher Schwierigkeitsgrad der Aufgaben noch als motivierend empfunden wird, sehr von diesem Aspekt des Selbstwertgefühls abhängig. In dem im Folgenden beschriebenen Programm wer-

---

[24] In abgeschwächter Form wurde die »Opfergrundhaltung« auch »Erduldergrundhaltung« genannt.

den nicht nur solche Aufgaben gestellt, sondern die Entwicklung einer Gestaltergrundhaltung ist das zentrale Lernziel dieses Programms, was mit verschiedenen didaktischen Interventionen angestrebt wird.

Vermittlung affektiver Lernziele am Beispiel des »Persönlichen Beraters«:
Bei dem »Persönlichen Berater« handelt es sich um ein Multimediaprogramm, deren Entwicklung durch das EU-Aktionsprogramm Leonardo da Vinci gefördert wurde.

Ausgangslage: Lernziele, Adressaten und Einsatzbedingungen:
Das Ziel des »Persönlichen Beraters« bestand also darin, eine Gestaltergrundhaltung zu vermitteln und ist für Verkäufer im Außendienst entwickelt. Es hat sich allerdings gezeigt, dass es auch für andere Zielgruppen (Trainees, Führungskräfte, Arbeitslose), bei denen es eingesetzt wurde, geeignet ist.

Das Programm ist als Selbstlernprogramm konzipiert. Es wurde aber zumindest von einem Trainer auch erfolgreich im Rahmen von Seminaren eingesetzt. In diesem Fall wurden die interaktiven Übungen auf der CD-ROM, die eigentlich dafür vorgesehen waren, dass sie von den Adressaten einzeln bearbeitet werden, mit der Seminargruppe gemeinsam diskutiert und woraufhin mehrheitlich entschieden wurde, welche Antwort die Gruppe auf die jeweiligen Fragen und Aufgaben geben soll.

Didaktisch-methodische Konzeption:
Das Programm »Der Persönliche Berater« besteht aus einer CD-ROM und einem Begleitheft. Hinsichtlich des Lerneffekts steht die CD-ROM mit der Darstellung der Inhalte, vor allem aber mit den vielfältigen Übungen im Mittelpunkt. Das Begleitheft (Scharwächter & Martens, 1997) ist entsprechend den Abschnitten der CD-ROM aufgebaut und ebenfalls interaktiv gestaltet. Es enthält eine Reihe von Übungen, die zur Wiederholung und zur Festigung des Lernziels vorgesehen sind.

Grundsätzlich ist es eher problematisch in einem Multimediaprogramm ein affektives Lernziel zu vermitteln, das so unterschiedliche individuelle Ausprägungsformen bei den Adressaten aufweist. Die feste, vorgegebene Struktur widerspricht dem individuellen Eingehen auf die Bedürfnisse der Lernenden und deren Möglichkeit, die eigene individuell passende Lernumgebung selbst zu schaffen. Andererseits ist das individuelle Lernen, das ein Selbstlernprogramm ermöglicht, gerade auch bei der Vermittlung einer Einstellung mit so hoher Ich-Beteiligung wie die Gestaltergrundhaltung bzw. die Selbstwirksamkeitsüberzeugung besonders wichtig.

Es wurde daher bei der Konzeption dieses Programms großes Gewicht auf eine Individualisierung des Lernens gelegt. Ein Vorteil des Multimediaprogramms liegt – wenn man es als Selbstlernprogramm nutzt – darin, dass die Adressaten keiner »sozialen Kontrolle« unterliegen, wie das oft im Seminar von den Teilnehmern so gesehen wird, und ihre Antworten und Reaktionen nicht daraufhin überprüfen müssen, ob sie sozial akzeptiert sind. Die Lernenden sehen sich nicht gezwungen eine Rolle zu spielen, sondern können auf die Fragen des Programms »ehrlich« antworten.

Realisierung:

Das Begleitheft zu dem Programm umfasst 138 Seiten und ist durchgehend mit vielen Fotos und illustrierenden Zeichnungen vierfarbig gestaltet. Die CD-ROM hat eine durchschnittliche Durcharbeitungszeit von ca. 120 Minuten, wobei diese Zeit sehr weitgehen variiert. Auch auf der CD-ROM befinden sich eine Reihe von interaktiven Übungen und Filme, die die Realität eines Verkäufers im Außendienst simulieren. Das Programm ist detailliert bei Martens (1998a) beschrieben.

Es würde hier zu weit führen, alle Maßnahmen zu beschreiben, mit denen in dem Multimediaprogramm versucht wurde eine Individualisierung und Aktivierung zu erreichen. Grundsätzlich ist der Gang durch das Programm von den Reaktionen der Lernenden abhängig, dieses Prinzip wurde an verschiedenen Stellen realisiert.

Immer wieder bekommt der Adressat im Rahmen des Programms Feedback auf seine Reaktionen und seine Antworten auf die immer wieder gestellten Fragen und Aufgaben. Der Gang durch das Programm ist von diesen Antworten abhängig. Zu Beginn des Programms werden den Lernenden z. B. vier Personen mit unterschiedlichem Hintergrund vorgestellt und sie können sich die Person aussuchen, von der sie im Laufe des Programms dieses Feedback bekommen wollen, die sie also durch das Programm begleiten soll. Dadurch ist die Wahrscheinlichkeit erhöht, dass die Feedback gebende Person dem Lernenden sympathisch ist und er daher das Feedback und die Vorschläge für sich eher annimmt.

Besonders aufwendig ist das vierte Kapitel gestaltet. In ihm wurde filmisch der ganz normale Tag eines Außendienstmitarbeiters in Form von kleinen Episoden nachgestellt. Nach jeder kleinen »Problemsituation«, die sich im Laufe des Tages ergibt, wird der Adressat aufgefordert zu entscheiden, wie er auf diese Situation reagieren würde. Entsprechend seiner Reaktion geht der Film anders weiter, der Adressat sieht im Film die Antwort dargestellt, die er gewählt hat und welche Konsequenzen diese Reaktion auf den Helden der Geschichte hat.

Dies sei an einem Beispiel näher erläutert: Der Film beginnt mit einer Frühstücksszene. Der Held, Herr Kessler setzt sich an den gedeckten Frühstückstisch und sieht, dass seine Frau, die dort schon sitzt, ein unzufriedenes Gesicht macht. Er fragt sie, was sie habe und sie antwortet »Nichts«, wobei ihr Gesicht deutlich macht, dass sie natürlich etwas hat, was sie erheblich stört, über das sie aber offensichtlich nicht sprechen will. In diesem Moment hält der Film an und der Lernende wird gefragt: »Wie sollte Martin Kessler jetzt reagieren?«

Es werden dem Adressaten vier Reaktionsmöglichkeiten zu Auswahl gestellt:

(1) Seiner Frau offen sagen, was sie mit ihrer schlechten Laune bei ihm anrichtet.
(2) Seiner Frau vorschlagen, am Abend in Ruhe miteinander zu reden.
(3) Gar nicht reagieren.
(4) Seiner Frau sagen, was er von ihrer Laune hält.

Wenn der Lernende seine Wahl getroffen hat, bekommt er von dem von ihm ausgewählten Programmbegleiter bzw. der Programmbegleiterin Feedback aus dem Off und der Film geht so weiter, wie er es gewählt hat, wodurch er auch aus der Situation selbst, in dem Fall von der Reaktion der Frau von Herrn Kessler Feedback bekommt. Es handelt sich also um ein Simulationsprogramm das eigene Erfahrungen vermittelt.

Solche vergleichbaren Situationen kommen immer wieder vor, wobei der Lernende immer wieder zwischen Handlungen wählen kann, die eher geeignet sind, eine Opferrolle zu demonstrieren und solchen, die einer Gestalterrolle entsprechen. Auf diese Weise sieht fast jeder Lernende, das kann man ohne Übertreibung sagen, einen anderen Film, seinen individuellen Film, da durch die vielen Reaktionen von jedem Lernenden andere Filmpassagen gesehen werden.

Am Ende des Films kommt Herr Kessler nachhause und je nachdem, ob der Lernende überwiegend »Gestalter-Reaktionen« oder »Opfer-Reaktionen« gewählt hat, erlebt der Adressat Herrn Kessler anders. Im ersten Fall hat Herr Kessler eine Rose in der Hand und eröffnet seiner Frau, dass er in einem naheliegenden Restaurant einen Tisch bestellt hat, damit man in Ruhe über ihre Probleme reden kann. Im zweiten Fall erlebt man, wie Herrn Kessler völlig gestresst zur Haustür hereinkommt und als er seine Frau sieht, sagt er nur: »Ach ja, Deine Probleme gibt es ja auch noch! Ich hatte heute wirklich schon genug Probleme.«

Der Lernende erlebt »am eigenen Leib«, wenn er sich wie gewünscht mit dem Protagonisten identifiziert, welchen Einfluss kleine, unbedeutende Entscheidungen im Laufe eines Tages auf den Verlauf des ganzen Tages haben und der Sprecher erinnert: Das Leben besteht aus vielen einzelnen Tagen. Was für den Tag von Herrn Kessler gilt, gilt auch für sein und unser ganzes Leben.

Man kann in der Gestaltung des Programms den Versuch erkennen, folgende Prinzipien der Vermittlung neuer Einstellungen zu realisieren:
 die Adressaten machen entsprechende eigene Erfahrungen (wenn sie sich mit Herrn Kessler identifizieren);
 die Adressaten können die geeigneten Konsequenzen selbst entdecken;
 die Adressaten werden persönlich angesprochen.

Ergebnisse: Lernerfolg, Evaluation:
Das Programm wurde von verschiedenen Firmen eingesetzt und evaluiert. Die Erfahrungen, die man mit diesem Programms gemacht hat, kann man in folgenden Aussagen zusammenfassen (Martens, 2003a, S. 137f):
- Es ist durchaus möglich und didaktisch sinnvoll, die Vermittlung affektiver Lernziele mit interaktiven Medien zu unterstützen.
- Bei der Vermittlung affektiver Lernziele spielt das bewegte Bild eine herausragende Rolle.
- Für den (langfristigen) Erfolg beim Einsatz solcher Programme zur Vermittlung affektiver Lernziele sind die Umfeldbedingungen bzw. das Implementierungskonzept ausschlaggebend. Ohne eine Unterstützung von begleitenden Maßnahmen und damit letztlich ohne die Unterstützung der Firmenleitung hat ein solches Programm nur sehr eigeschränkten Erfolg.

Besonders ausführlich wurde es im Rahmen einer wissenschaftlichen Arbeit von Martina Weber (1998) am Institut für Pädagogische Psychologie und Empirische Pädagogik der LMU unter Leitung vom H. Mandl untersucht.

M. Weber konnte nachweisen, dass das Programm die vorgesehenen Lernziele zumindest z. T. erreicht.

Hier seien nur einige der dabei gewonnenen Ergebnisse zitiert:
- 83,4 % der Befragten bestätigten, dass ihre Sichtweise über persönliche Einstellungen positiv verändert wurde.
- 83,4 % der Befragten reagierten positiv auf die folgende Behauptung: »Durch das Programm wurde meine Selbstwahrnehmung gefördert«.
- 67,7 % antworteten zustimmend auf die Frage, ob ihnen das Programm positives Denken und Fühlen vermitteln konnte.

- 75 % der Befragten stimmten folgender Behauptung zu: »Das Lernprogramm hat mich dazu motiviert, Probleme in Zukunft aktiv und zielgerichtet anzugehen.«

Eine Evaluation auf der Ebene des Verhaltens konnte leider nicht durchgeführt werden.

In dem »Resümee« dieser Arbeit heißt es: »In der hier beschriebenen Evaluationsstudie hat sich das Multimedia-Programm ›Der Persönliche Berater‹ als eine Weiterbildungsmaßnahme bewährt, die bei den Nutzern auf relativ hohe Akzeptanz stößt und in ihrer Qualität – abgesehen von einigen Software-ergonomischen Mängeln – insgesamt sehr positiv beurteilt wird.«

2.4.6.4 Fazit zu den Überlegungen und Erfahrungen zum Thema emotionsbasierte Lernumgebungen:

Der Begriff der Emotionen bzw. Affekte und damit auch der Begriff der affektiven Lernziele sind in der Wissenschaft und Pädagogik sehr umstritten und werden in der pädagogischen Literatur bis heute häufig ignoriert, obwohl das erste Werk, mit dem der Begriff der affektiven Lernziele populär gemacht wurde vor mehr als einem halben Jahrhundert erschienen ist.

Es wurde gezeigt, dass man durch Übernahme der Erkenntnis aus der Erforschung des bedingten Reflexes, der Einstellungsänderung und des sozialen Lernens in die Pädagogik eine »Didaktik affektiver Lernziele« entwickeln kann.

An drei Beispielen konnte gezeigt werden, dass das Konzept der Vermittlung affektiver Lernziele in der Praxis der betrieblichen Bildung anwendbar ist und zu den angestrebten Ergebnissen führt.

Das gilt sowohl für die Gestaltung einer Broschüre, die ohne begleitenden Einsatz anderer Medien eingesetzt wurde (Anti-Raucher-Broschüre »Spielen Sie mit!«), als auch für ein sehr komplexes Lehrsystem, in dem eine große Zahl von kognitiven und affektiven Lernzielen vermittelt wurde (dreiwöchiges Allianz Lehrsystem »ALM«). In dem dritten Beispiel (Multimediaprogramm »Der persönliche Berater«) wurde gezeigt, dass sich die modernen Medien (E-Learning) besonders gut eignen, affektive Lernziele zu vermitteln. Die Kombination von bewegtem Bild und der geplanten und kontrollierbaren Interaktion mit dem Adressaten macht es möglich, eine Reihe von besonders wichtigen Prinzipien der Vermittlung affektiver Lernziele umzusetzen. Um die Veränderung im affektiven Bereich nachhaltig zu gestalten spielen die Umfeldbedingungen und damit das Implementierungskonzept eine herausragende Rolle.

2.4.7 Die PSI-Theorie von Kuhl und ihre Bedeutung für die Fundierung affektiver Lernziele

Julius Kuhl (2001, s. a. Kuhl, 2009, Kuhl, 2010; Martens & Kuhl, 2010;) hat ein Persönlichkeitsmodell entworfen, das die Bedeutung affektiver Lernziele wesentlich unterstreicht. Kuhl nannte sein System PSI-Theorie (Persönlichkeit-System-Interaktions-Theorie).

Ausgangspunkt war für ihn ein Experiment, in dem er den positiven Einfluss auch geringer positiver Gefühle auf kognitive Leistungen nachweisen konnte: Wenn man Studenten bittet, z. B. das in roten Buchstaben kurzfristig projizierte Wort »Grün« nicht zu lesen, sondern die Farbe zu benennen, dann fällt das diesen Studenten etwas schwerer, als wenn sie das Wort lesen. Das macht sich darin bemerkbar, dass die Versuchspersonen für die Farbbestimmung etwas länger brauchen, als für das Lesen des Wortes (Stroop-Effekt). Wie bei großen Willensakten müssen sich die Studenten überwinden und dürfen einem sich aufdrängenden Impuls nicht nachgehen. Wörter zu lesen, ist durch das tägliche Lesen unzähliger Wörter, die uns begegnen, völlig automatisiert, es ist ein unbewusst gesteuerter Impuls.

Wenn man den Versuchspersonen vor dem Experiment, also bevor sie die Farbe der in einer »falschen« Farbe geschriebenen Wörter bestimmen sollten, für einige hundert Millisekunden Begriffe zeigte, die positive Assoziationen wachrufen (z. B. »Glück« und »Erfolg«) und somit für eine ganz kurze Zeitspanne, die meist nicht einmal reichte, dass das Wort bewusst wurde, positive Affekte auslöste, dann zeigte sich etwas Verblüffendes: Die Reaktionszeiten waren plötzlich nicht mehr länger als bei den in »richtiger« Farbe geschriebenen Wörtern. Wenn man vorher negative oder neutrale Wörter zeigte (z. B. »Mörder« oder »Tisch«), dann gab es wieder die erwartete Verzögerung der Reaktionszeiten (Kuhl & Kazén, 1999).

»Der durch die positiven Wörter ausgelöste positive Affekt scheint demnach den Willen zu bahnen, weil das bewusst Gewollte (Farbe benennen) sich plötzlich rascher gegen die impulsive, aber falsche Reaktion (Wort lesen) durchsetzten kann. Wichtig ist aber, dass diese willensbahnende Wirkung positiver Wörter nur in einer Versuchsgruppe funktionierte, in der die Versuchspersonen dazu bewegt wurden, die schwierige Absicht sich immer wieder vorzunehmen, ›auf den Schirm‹ zu bringen (d. h. ins Absichtsgedächtnis zu laden)« (Martens & Kuhl, 2011, S. 23).

Das Experiment zeigt, dass uns positive Gefühle helfen, das, was wir uns vorgenommen haben, auch tatsächlich umzusetzen. »Positive Affekte helfen, den Inhalt des Absichtsgedächtnisses mit den Systemen zu verknüpfen, die das Handeln steuern.« (a. a. O.).

Die vier Makrosysteme der Persönlichkeit:
Kuhl unterscheidet vier Systeme, die bei der Entstehung einer Handlung eine Rolle spielen:
Das linkshemisphärische Intentionsgedächtnis (IG), häufig nennt Kuhl es auch Absichtsgedächtnis, das man braucht, wenn man eine schwierige oder unangenehme Handlung nicht sofort ausführen kann, aber nicht vergessen darf oder nicht vergessen möchte. »Das Intentionsgedächtnis ist mit dem analytischen Denken eng vernetzt und speichert schwierige Absichten, d. h. allgemeine (noch nicht voll spezifizierte) Handlungsvorhaben, in einem expliziten Format. Es ist vom Erleben und von der Steuerung emotionaler Prozesse weitgehend abgekoppelt und wird durch eine Aufmerksamkeitsform unterstützt, die Informationen verstärkt, die möglichst genau zu dem passen, was für das aktuell bewusste Ziel oder den aktuellen Handlungsplan relevant ist.« (Kuhl, 2001, S. 163).

Das Ausführungssystem, das dem Überlegen und Abwägen ein Ende macht und spontan verfügbare Handlungsprogramme zur Verfügung stellt. Kuhl nennt es auch das »intuitive Verhaltenssteuerungsprogramm« (IVS). Es ist rechtshemisphärisch und arbeitet holistisch. Man braucht es, wenn ein guter Zeitpunkt für die Ausführung gekommen ist und man ein geeignetes Verhaltensprogramm (d. h. eine Handlungsmöglichkeit) gefunden hat. Dieses Ausführungssystem wird auch aktiviert, wenn aufgrund einer Wahrnehmung spontane Handlungen erfolgen.

Das Extensionsgedächtnis (EG), das den umfassendsten Gedächtnisspeicher darstellt und das man braucht, wenn es darum geht, aus der Gesamtheit aller gespeicherten Lebenserfahrungen eine Lösung auszuwählen und dabei auch noch darauf zu achten, dass alle oder möglichst viele eigene Bedürfnisse und Werte und nach Möglichkeit auch die Erwartungen und Wünsche anderer berücksichtigt werden (Martens & Kuhl, 2011, S. 77). Auch dieses System arbeitet wie das intuitive Verhaltenssteuerungsprogramm parallel-holistisch und ist rechtshemisphärisch angelegt. Es liefert einen integrierten Überblick über die wichtigsten Erfahrungen, wobei auch Motive und das integrierte Selbst dazu gehören. Bei den in diesem Makrosystem beteiligten Prozessen wird auf implizites Kontextwissen zurückgegriffen, das in Verbindung mit der psychischen Funktion steht, die von Jung als das Fühlen bezeichnet wurde (vgl. Kuhl & Völker, 1998, S. 215). »Das Fühlen kann durch assoziative Netzwerke impliziten Wissens beschrieben werden, die auch sehr entfernte, selten auftretende Assoziationen enthalten« (a. a. O.). Dieses System kann man für das verantwortlich machen, was der Autor in dem oben angeführten Modell als die Bewertung der Wahrnehmungen beschrieben hat.

Das Objekterkennungssystem (OES), das man braucht, »wenn einzelne Risiko- und Gefahrenquellen aus dem Gesamtkontext herausgelöst oder Fehler und Problempunkte erkannt werden müssen« (Martens & Kuhl, 2011, S. 77). Es arbeitet nicht holistisch sondern sequentiell-analytisch und ist linkshemisphärisch angeordnet.

Für eine differenzierte Betrachtung der vier Makrosysteme siehe folgende Tabelle:

Aggregationsniveau (neuro-anatomischer Schwerpunkt)	Analytisch (linkshemisphärisch)	Holistisch (rechtshemisphärisch)
Elementar (prietal)	Objekterkennung / Empfinden (OES) ■ Figur-Grund-Differentzierung (Kontrastbildung, Separieren) ■ dekontextualisiert ■ Separierung verschiedener Sinne ■ vergangenheitszentriert ■ (»Wiedererkennen«) ■ kategorial ■ bewusst ■ unstimmigkeitsbetonte Aufmerksamkeit ■ reduzierte Rückmeldungsverwertung	Intuitive Verhaltenssteuerung (IVS) ■ intuitive Programme, z.B. für die soziale Interaktion (Verschmelzen) ■ kontextualisiert ■ multimodale Verschmelzung (konnektionistische Basis) ■ gegenwarts- und zukunftsorientiert (online-Steuerung und Antipation) ■ prototypisch ■ nicht bewusst ■ räumliche Aufmerksamkeit ■ unmittelbare Rückmeldungsverwertung
Komplex (präfrontal)	Denken / Intentionsgedächtnis (IG) ■ sequenziell-analytisch ■ langsame Anwendung ■ schnelles Lernen ■ explizites Wissen: Pläne, allgemeine Absichten, etc. ■ Entweder-Oder-Charakteristik ■ Reduktionismus ■ Emotionsentkoppelung: Ich-Bezug ■ Vulnerabilität (bei unvollständiger Information) ■ bewusst ■ zielfokussierte Aufmerksamkeit ■ intensive kognitiv-analytische Rückmeldungsverwertung	Fühlen / Extensionsgedächtnis (EG) ■ parallel-holistisch ■ schnelle Anwendung ■ langsames Lernen ■ implizites Konfigurationswissen: Erwartungen, allg. Ziele, etc. ■ Integration von Gegensätzen ■ Unterschiedssensitivität ■ Emotionswahrnehmung und Emotionsregelung: Selbstbezug ■ Robustheit (bei unvollständiger Information) ■ nicht bewusst ■ kongruenzbetonte, verteilte Aufmerksamkeit (Vigilanz) ■ extensive kognitiv-emotionale Rückmeldungsverwertung

Tab. 2: Funktionsprofile der vier persönlichkeitsrelevanten Makrosysteme (Kuhl, 2001, S. 162)

Keines dieser Systeme allein kann garantieren, dass die Person als Ganzes gut funktioniert. Es kommt auf das gut funktionierende Zusammenspiel der Systeme an, wie sie in der unten stehenden Abbildung (Abb. 12) dargestellt ist.

Lernen, zumindest soweit es die affektiven Lernziele betrifft, besteht weitgehend in der Erweiterung des Extensionsgedächtnisses. Nur wenn der Adressat sein Selbst und damit verbunden sein Extensionsgedächtnis öffnet, kann ein Lernen stattfinden, das in einer Veränderung der Werthaltungen besteht. Beim Lehren muss es also gelingen, die Gedanken des Lernenden nicht auf Fehlererkennung und Gefahrenabwehr auszurichten sondern auf das Vertrauen, dass Neues, Interessantes auf ihn wartet, die Haltung, die ein Schatzsuchender einnimmt.

Das Zusammenspiel der vier Systeme:

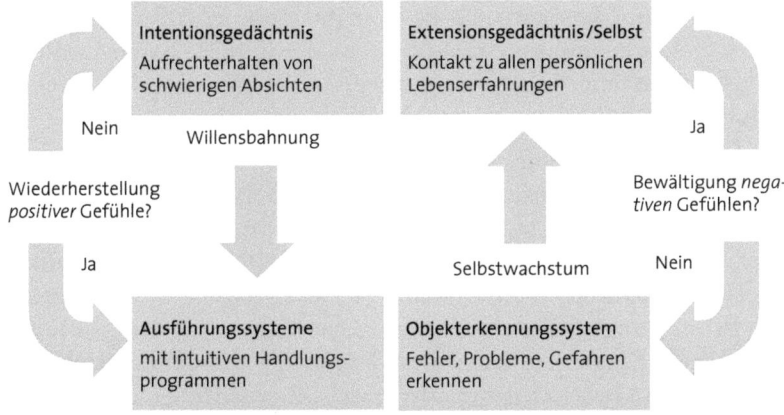

Abb. 14: Grafische Darstellung der PSI-Theorie (Aus: Martens & Kuhl, 2011, S. 78):

Die Ausführung bewusster Absichten (im Intentionsgedächtnis) erfordert die Wiederherstellung positiver Gefühle (Selbstmotivierung), die bei schwierigen Aufgaben verloren gehen können (Willensbahnung), während die Integration von Einzelerfahrungen (Objekte) in das persönliche Gedächtnis (Selbstwachstum) das abwechselnde Aushalten und Bewältigen von negativen Gefühlen erfordert (Selbstberuhigung).

Wie schon das oben zitierte Experiment zeigt, kommt es bei dem Zusammenspiel der Systeme auf die Gefühle der betreffenden Person an. Kuhl hat seine wesentlichen Ergebnisse in sogenannten »Modulationsannahmen« zusammengefasst (hier werden nur drei von insgesamt sieben Modulationsannahmen von Kuhl kurz dargestellt):

1. Modulationsannahme: Die Hemmung positiver Gefühle aktiviert das Intentionsgedächtnis mit dem beteiligten analytischen Denken. Wenn diese Hemmung z. B. durch extern initiierte oder eigenständig herbeigeführte (Selbstmotivierung) positive Gefühle aufgehoben wird, dann wird das Intentionsgedächtnis mit dem intuitiven Ausführungssystem verbunden, sodass Gewolltes ausgeführt werden kann (»Willensbahnung«, s. Experiment).

2. Modulationsannahme: Negative Gefühle aktivieren die auf Unstimmigkeiten und Einzelheiten spezialisierte Objekterkennung. Gelingt es die negativen Affekte zu reduzieren, z. B. durch Trost oder Selbstberuhigung, dann wird das Extensionsgedächtnis, einschließlich dem Selbst aktiviert. Dann können auch noch nicht integrierte Erfahrungen aus dem Objekterkennungssystem (d. h. aus der unmittelbaren Erfahrung) in das umfassende Selbstsystem integriert werden, damit sie bei allen späteren Entscheidungen potentiell simultan verfügbar sind.

4. Modulationsannahme: Es geht dabei um die Aktivierung des Selbstsystems mit dem Extensionsgedächtnis. Durch das »Herabregulieren des negativen Affekts« (Kuhl, 2001, S. 174) (z. B. durch Bewältigung oder ›Verdrängung‹ einer schmerzhaften Erfahrung) wird nicht nur die Aktivierungsstärke des Selbstsystems (Extensionsgedächtnis) gegenüber dem Erleben ungewollter Empfindungen erhöht, sondern es gilt auch der umgekehrte Zusammenhang: die Aktivierung des Selbstsystems (z. B. durch kreative Beschäftigung oder durch »Sinnstiftung« im Sinne eines Aufzeigens der persönlichen Bedeutung einer Tätigkeit) kann auch umgekehrt die Herabsetzung negativer Emotionalität unterstützen. Kuhl formuliert seine 4. Modulationsannahme folgendermaßen (Der Autor gibt diese Modulationsannahme in voller Länge wieder, da sie für die Vermittlung affektiver Lernziele so wie für pädagogische Prozesse allgemein von besonderer Bedeutung ist):

»Die Aktivierung von Selbstrepräsentationen (oder anderer Anteile des Extensionsgedächtnisses) in bedrohlichen Situationen führt zu einer Herabregulierung negativen Affekts, und zwar um so mehr, je stärker die Verbindung zwischen dem Selbstsystem und subkognitiven Mechanismen ausgeprägt ist, die negativen Affekt dämpfen. Dadurch dass in diesem Fall die Herabregulierung negativen Affekts durch die Aktivierung des Selbstsystems vermittelt wird, ist gleichzeitig gesichert, dass zur Bewältigung der durch negativen Affekt angezeigten Problemsituation ein integrierter (›hochinferter‹) Überblick über eigene Erfahrungen in relevanten früheren Situationen zur Verfügung steht. Dieser Umstand ist eine Voraussetzung für die Integration neuer, d. h. vom Selbstsystem nicht vorhergesagter (unerwarteter, unerwünschter oder schmerzhafter) Erfahrungen in das Selbstsystem und damit für dessen Weiterentwicklung (›persönliches Wachstum‹)«. Es sei noch angemerkt, dass sich dieser Zusammenhang durch Wiederholung immer leichter herstellen lässt, also gelernt werden kann (Kuhl, 2001, S. 174f).

Bei der Vermittlung affektiver Lernziele ist also von großer Bedeutung, dass die Adressaten lernen und immer wieder üben, auch in schwierigen Situationen mit ihrem Extensionsgedächtnis und ihrem Selbst in Kontakt zu kommen. Dadurch können sie negative Gefühle schwächen oder beseitigen und haben gleichzeitig Zugang zu einer Reihe von Möglichkeiten, wie sie der schwierigen Situation begegnen können, da sie Zugang zu dem umfangreichen Reservoir ihrer Erfahrungen haben.

Die praktische Anwendung der PSI-Theorie:
Diese Modulationsannahmen zeigen, warum es so wichtig ist, zu lernen, seine Gefühle regulieren zu können. Wenn das gelingt, kann man mit den Erkenntnissen aus der PSI-Theorie und den dazugehörigen Modulationsannahmen eine Reihe von Phänomenen aus dem Alltag erklären oder sogar Probleme lösen, die im beruflichen und privaten Alltag im Zusammenhang mit der Persönlichkeit der beteiligten Menschen auftauchen.

Natürlich erhebt dieses Modell von Kuhl nicht den Anspruch exakt der Wirklichkeit zu entsprechen. Wie alle Modelle der Psychologie sollen sie heuristischen Wert haben.

Hierzu ein paar Beispiele:
- Wenn es gewünscht ist, dass wir spontan handeln und uns der Intuition überlassen, wobei wir logische Überlegungen vermeiden wollen, dann kommt es darauf an, das *Ausführungssystem* zu aktivieren: Eine typische Situation für diesen Zustand erleben wir z. B. auf einer Party oder in einer Diskothek. Man flirtet, überlässt sich dem Rhythmus der Musik und man vermeidet tiefschürfende Gespräche (Smalltalk ist angesagt).
- Wenn wir uns selbst und anderen ein gutes Gefühl verschaffen wollen, sollten wir das *Extensionsgedächtnis und das Selbst* im Gespräch aktivieren. Wir beschäftigen uns dann mit dem eigenen und dem fremden Selbst und versuchen die (gespielten) Rollen und die sonstigen Schutzhüllen, die wir um unser Innerstes gesponnen haben, zu durchbrechen. Wir öffnen uns.

- Wenn wir kreative Leistungen erbringen wollen, aktivieren wir unser *Extensionsgedächtnis,* aus dem heraus alle kreativen Leistungen wie das Malen von Bildern, das Erfinden von Geschichten, aber auch das kreative Forschen entstehen. Dabei entstehen in der Regel positive Gefühle, die sich bis zu Hochgefühlen steigern können, die Czikszentmihalyi (1992) »Flow« genannt hat.
- Wenn wir selbst in Stress geraten oder erleben, wie andere in Stress kommen, dann müssen wir dafür sorgen, dass wir oder die anderen wieder Zugang zu ihrem *Selbstsystem (Extensionsgedächtnis)* gewinnen, indem man dafür sorgt, dass eine positive Stimmung entsteht. Dies kann man z. B. durch Humor oder durch positive Nachrichten erreichen. Man sollte dabei allerdings nicht von dem Stress verursachenden Thema ablenken, sondern versuchen, dieses positiv umzuwerten (Reframing) und dabei in Kontakt mit dem Selbst zu bleiben.
- Wenn man jemandem ein Feedback geben will, das auch kritische Punkte enthält, dann sollte man zunächst Kontakt mit seinem *Extensionsgedächtnis* herstellen, indem man erst etwas Positives über die Person sagt. Nur dann können diese Verbesserungsvorschläge angenommen werden. Wichtig ist es allerdings dabei, dass der Feedbacknehmer erkennt, dass diese positiven Punkte ehrlich gemeint sind und aus der Person des Feedbackgebers, aus seinem gefühlten Selbst kommen, sonst spricht man das Objekterkennungssystem an, da der Angesprochene »Gefahr wittert« und dann z. B. nach Schwächen in der Argumentation sucht.

Beim Coaching begegnen dem Autor immer wieder Personen, die auf eine bestimmte Grundstimmung und damit auf eines der vier Systeme von Kuhl festgelegt ist:

- Einseitige Optimisten sind auf die vorhandenen Verhaltensprogramme des intuitiven Ausführungssystems festgelegt. Ihnen gelingt es nicht mit Schwierigkeiten umzugehen.
- Wer auf nüchtern-sachliche Stimmung festgelegt ist, kann prima Probleme lösen und über beabsichtigtes Handeln nachdenken, tut sich aber schwer, wenn es um ganz leichte Verhaltensweisen (Charme, Smalltalk, Spontaneität) geht.
- Wer auf negativen Affekt festgelegt ist (z. B. aufgrund einer schwierigen Kindheit oder eines traumatischen Erlebnisses), kann zum »Unstimmigkeitsexperten« werden, d. h. zwar wunderbar Fehler bei sich und anderen entdecken, aber kaum auf Lösungen kommen.
- Wer dagegen negativen Affekt gar nicht aushalten kann und früh

gelernt hat, ihn gar nicht erst aufkommen zu lassen, ist auf das Extensionsgedächtnis festgelegt, kann aber leider viele Vorzüge dieses hochintelligenten Systems gar nicht recht entwickeln, weil dieses System ja nur dazulernt, wenn sein Wissen immer auch einmal in Frage gestellt wird.

Wir können auch bewusst mit dem Extensionsgedächtnis Kontakt aufnehmen, indem wir uns mit der emotional gefärbten Vergangenheit auseinandersetzen und als Coach kann man seinen Coachee dazu anregen. Dadurch kann man seinen Klienten in Kontakt zu seinem Selbst treten lassen, was von den Betroffenen oft folgendermaßen beschrieben wird: »Ich gewinne wieder meine Ganzheit zurück.« »Ich finde wieder meinen guten Kern, meine innere Heimat.« Das gelingt besonders gut, wenn der Betreffende jemanden hat, dem er völlig vertraut und der gut, d. h. interessiert zuhören kann (z. B. der Coach). Trauerarbeit oder allgemein die Überwindung traumatischer Erlebnisse gelingt auf diese Weise erstaunlich gut.

Desmond Tutu (2010, S. 166f), Nobelpreisträger, der in Südafrika nach Überwindung der Apartheid die »Wahrheits- und Versöhnungskommission« geleitet hat, berichtet, dass viele Folteropfer und ihre Angehörigen bei den Anhörungen die Erfahrung gemacht haben, dass sie durch Zuhören geheilt, z. B. von Alpträumen befreit wurden. (»Wer jemandem sein Ohr leiht, kann ihm dabei helfen, seine eigene Weisheit zu finden« a. a. O. S. 168.)

Hier konnten nur einige Aspekte des relativ komplexen Systems von Kuhl angedeutet werden. Für eine nähere Beschreibung sei auf die erwähnte Literatur verwiesen, vor allem auf das nicht nur sehr dicke (über 1200 Seiten) sondern auch sehr inhaltsreiche Buch »Motivation und Persönlichkeit« (Kuhl, 2001).

2.4.8 Die neueren Erkenntnisse der Hirnforschung und ihre Bedeutung für die Vermittlung affektiver Lernziele

Die neuere Hirnforschung hat durch die bildgebenden Verfahren der Computertomographie große Fortschritte gemacht. Es soll hier untersucht werden, inwieweit die oben dargestellten Modelle durch diese Verfahren eine Bestätigung gefunden haben. Die Erwartungen sollten dabei aber nicht sehr hoch sein. Vor vielen Jahren hat der Autor dazu einmal eine Metapher in einem Vortrag von Torsten Seelbach von der Akademie für neurowissenschaftliches Bildungsmanagement gehört, die die Schwierigkeiten der Hirnforschung deutlich machte:

Man stelle sich vor, in Tausenden von Jahren hat sich die Menschheit zugrunde gerichtet. Eine intelligente hochentwickelte Rasse aus einer anderen Galaxie besucht den Planeten Erde. Es gibt keine Menschen mehr, aber die Errungenschaften der Menschheit sind noch teilweise erhalten. So entdecken diese Wesen auch eine große Bibliothek. Sie wissen nicht um was für Gegenstände es sich bei den Büchern handelt. Sie denken sich, wenn die Menschen so große Gebäude für diese komischen Dinge gebaut haben, dann waren ihnen diese Dinger wohl sehr wichtig und sie fangen an die Bücher näher zu betrachten. Auf der Basis ihrer Untersuchungen und ihres Wissens untersuchen also außerirdische Chemiker, Techniker und Computerfachleute die Bücher. Sie stellen fest, dass es sich um rechteckige Blöcke aus einem Fasermaterial handelt. Vorder- und Rückseite sind verstärkt. Dazwischen befinden sich oft hunderte von Lamellen, die alle auf einer Seite befestigt sind. Auf diesen Lamellen befinden sich meist schwarze Oberflächenmarkierungen, die in hochkomplizierter Weise angeordnet sind. Auch die Untersuchungen der Chemiker brachten nicht viel weiterführende Erkenntnisse. Man löste die Bücher auf und hielt fest: Es handelt sich um einen Zellulosestoff mit einer bemerkenswerten Molekularstruktur. Alle an der Untersuchung beteiligten Wissenschaftler setzten sich zuletzt an einen Tisch und diskutierten ihre Ergebnisse. Sie kamen zu dem Schluss, dass es sich um völlig wertlose Gegenstände handelt, die allerdings einen beachtlichen Brennwert haben, und die die Menschen wahrscheinlich zu Heizzwecken gehortet haben.

Diese Geschichte verdeutlicht uns, dass wir bisher vielleicht noch nicht die geeigneten Instrumente entwickelt haben, mit denen wir das Wesen des Gehirns so untersuchen können, dass wir seiner Eigenart gerecht werden. Wir können lediglich die Zellstruktur untersuchen, und feststellen, welche Teile des Gehirns bei welchen Verarbeitungsmodi intensiver durchblutet und daher wohl besonders aktiv sind. Wir untersuchen, wie aus »Informationen« »Biologie« wird, und das ist sicher nicht unproblematisch, denn dabei gehen heute noch notgedrungen die meisten Eigenschaften, mit denen wir »Informationen« beschreiben können, verloren.

Bei den folgenden Ausführungen bezieht sich der Autor neben den Erkenntnissen aus dem Buch von Kuhl (Kuhl, 2001) wesentlich auf die Sammlung von Beiträgen von Herrmann (2009), in denen unter dem Titel »Neurodidaktik« untersucht wird, welche Relevanz die Ergebnisse der Hirnforschung für die Didaktik haben. Herrmann (2009, S. 10) stellt dabei zusammenfassend fest, dass auch heute noch gilt, was Scheich (2003) schon vor Jahren festgestellt hat: »Die Hirnforschung hat bisher nicht mehr zutage gefördert, als erfahrene, reflektierte Pädagogen schon wussten. Nur: Die Hirnforschung kann jetzt begründen, warum sie Recht hatten.«

Hier interessieren uns unter dem Thema »Vermittlung affektiver Lernziele« vor allem die Ergebnisse, die mit der Entstehung und Verarbeitung von Emotionen zu tun haben. Dazu kann man feststellen:

Limbisches System:
Die Verarbeitung der Informationen nach wichtig/unwichtig, wünschenswert/nicht wünschenswert, angenehm/unangenehm (Stufe 2, Abb. 8) geschieht im *limbischen System*. (Herrmann, 2009, S. 13).

Bei dem limbischen System handelt es sich, wie die folgende Abbildung (Abb. 13) zeigt, um unterschiedliche Hirnregionen unterhalb der Hirnrinde. Dieses limbische System »ermöglicht die Speicherung (der Informationen) in unserem emotionalen Erfahrungsgedächtnis« (a. a. O.).

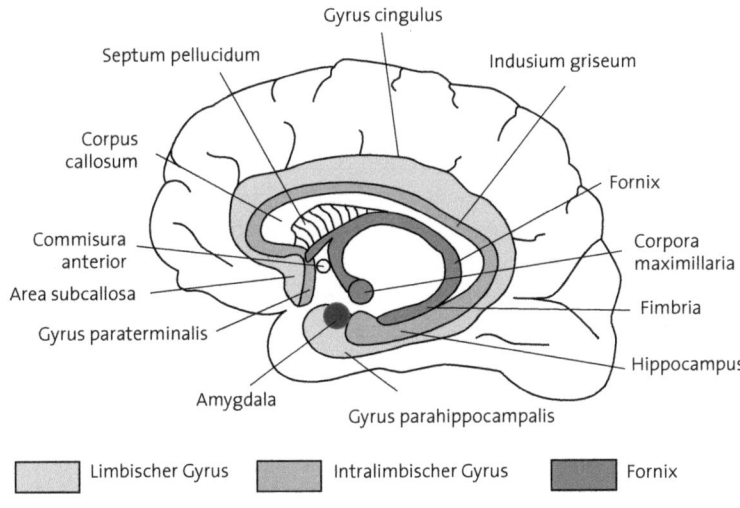

Abb. 15: Das limbische System (Aus: Karl C. Mayer, Internet)

Bei der Vermittlung affektiver Lernziele versucht man vor allem Einfluss auf diesen Teil des Gehirns bzw. auf die Zusammenarbeit des Limbischen Systems mit dem Cortex zu nehmen.

Voraussetzungen für Neugierverhalten und Kreativität und damit für Lernen:
»Entspannte Atmosphäre, Spiel und Vertrauen sind wichtige Voraussetzungen dafür, dass sich Neugier und damit Kreativität entfalten können; ohne Leistungsstress und ohne Versagensängste« (Herrmann, 2009, S. 13). Auf den Zusammenhang mit der 4. Modulationsannahme von Kuhl sei hingewiesen. Sich einlassen auf Neugier und damit das Lernen von neuen Zusammenhängen setzt also voraus, dass wir positive Gefühle aktivieren, d. h. auch, dass die Adressaten Vertrauen in die Situation und in die beteiligten Personen besitzen: nicht nur die Furcht vor Misserfolg, vor Fehlern, vor Entmutigung durch negative Konsequenzen (z. B. Noten) vermeiden, sondern die Erwartung auf Erfolg stärken, Suchbewegungen mit offenem Ausgang bekräftigen, die Hoffnung auf Belohnung wecken, das Selbstbewusstsein und die Selbstwirksamkeitsüberzeugung stärken (s. Ausführungen zum Programm »Der Persönliche Berater« weiter unten, Kapitel 2.4.6.3).

Neben der positiven Stimmung ist ein unerwarteter Stimulus Voraussetzung für ein forschendes, explorierendes Verhalten. »Ähnlich wie Orientierungsreaktionen wird auch das typische aktive explorierende Verhaltensmuster durch ungewöhnliche Stimuli ausgelöst. Die mit Affekten verbundenen Aktivierungsprozesse (in der Amygdala und im Hippocampus im limbischen System) habituieren sehr schnell bei wiederholter Konfrontation mit der Reizsituation« (Greif & Kluge, 2004, S. 788).

Dabei spielen die durch die entsprechenden Hirnregionen angeregten Ausschüttungen von Hormonen eine entscheidende Rolle: »Nach dem heutigen Erkenntnisstand lassen sich mehrere basale Affektsysteme unterscheiden. Die beiden am besten erforschten Systeme sind das mit positiven Affekten zusammenhängende dopaminerge System und das durch negative Affekte aktivierbare cholinerge System« (Greif und Kluge, 2004, S. 801).

Nach der PSI-Theorie von Kuhl (2001) führen positive Affekte zu intuitiv gesteuertem exploratorischem Handlungsstil, negative Affekte dagegen zu einem angespannten, auf vorsichtige Beobachtung der Umgebung orientierten Stil, um auf jede gefährliche Veränderung schnell reagieren zu können. Untersuchungen von McGaugh (2000) an Tieren und Menschen zeigen, dass bedrohlich empfundene neue Situationen im Alltag und Innovationen in Organisationen die Genauigkeit der reproduzierbaren Informationen im Langzeitgedächtnis verbessern. Die wird vermittelt über neurobiologische Aktivierungsprozesse – moderiert durch die Amygdala und das noradrenerge System – durch die Vergabe von Betablockern.

Beim Lernen allgemein, insbesondere bei dem Versuch der Verhaltensänderung durch die Vermittlung affektiver Lernziele ist es also unbedingt notwendig, dass die Adressaten sich in einem entspannten Zustand befinden und damit für Neugierverhalten offen sind.

Keine Trennung von Information und Bedeutung:
»Das Gehirn kann bei einem elektro-chemischen Impuls Inhalt und Bedeutung nicht voneinander trennen – die Information ist auch immer zugleich ihre Bedeutung« (Herrmann, 2009, S. 14).

Das entspricht der Erwartung, die mit der Stufe 2 »Bewertung der Wahrnehmung« aus dem Modell Abb. 9 verbunden ist. Eine »wertfreie Wahrnehmung« ist den Menschen nicht möglich. Die Wertung geschieht gleichsam automatisch. Wahrscheinlich handelt es sich hierbei um einen »Reflex«, der im Sinne des Darwin'schen Ausleseprozesse Überlebensvorteile mit sich gebracht hat und daher zu unserer genetischen Ausstattung gehört.

Die Konsequenz aus dieser Erkenntnis für die Vermittlung affektiver Lernziele besteht darin, dass man keine »wertfreie Wahrnehmung« fordert oder zu trainieren versucht, sondern dass man zum einen die Richtung der Wertung verändert, und zum anderen diese Tatsache bewusst macht und die Reflexion dieser automatischen Bewertung fördert, um so Korrektur dieser ersten Bewertung zu ermöglichen (Stufe 3 in Abb. 9). Es kommt also bei der Vermittlung affektiver Lernziele darauf an, diesen Zusammenhang deutlich zu machen und u. U. diese Bewertung zu beeinflussen.

»Selbstbewusstsein« im rechten präfrontalen Cortex:
Die Selbstrepräsentation und damit das System, das für eine Bewertung des Handlungsimpulses sorgt, wird in dem rechten präfrontalen Cortex gesehen. »Es gibt inzwischen ernstzunehmende Hinweise für eine neurobiologische Grundlage von Selbstrepräsentationen, z.B. für ein System im rechten präfrontalen Cortex, dessen Intaktheit die Voraussetzung für ›autonoetisches Bewusstsein‹ zu sein scheint (Kuhl, 2001, S. 789; nach Craik et al. 1999; Weeler, Stuss & Tulving, 1997). Unter »autonoetischem Bewusstsein« versteht Tulving (2002) die Fähigkeit des Menschen, sich an frühere Ereignisse zu erinnern und uns dabei bewusst zu sein, dass diese Erinnerungen Teil unserer persönlich erlebten Vergangenheit sind. So erleben wir das »Selbstbewusstsein«, indem wir uns von anderen Wesen auf diesem Planeten unterscheiden und das uns befähigt, uns »selbst an die Hand zu nehmen«. Daher werden in dem rechten präfrontalen Cortex auch selbstregulatorische Funktionen lokalisiert,

welche die Steuerung der eigenen emotionalen und motivationalen Befindlichkeit vermitteln (Barkley, 1997).

Die Fähigkeit des Menschen, sich neben sich zu stellen und damit die eigenen Gefühle und die daraus abgeleiteten intendierten Handlungen zu beurteilen und gegebenenfalls zu korrigieren, ist die Grundlage für die Vermittlung affektiver Lernziele. Ohne die Funktionen des rechten präfrontalen Cortexes wäre es nicht möglich z. B. eine Verhaltensänderung durch Veränderung von Einstellungen zu erreichen. Etwas vereinfacht ausgedrückt kann man sagen, dass ein wesentlicher Teil der Vermittlung affektiver Lernziele darin besteht, den präfrontalen Cortex bzw. die Verbindungen dieses Gehirnareals mit den vielen anderen Zentren durch häufige Nutzung zu stärken.

Die Bedeutung der Spiegelneuronen:
Rizzolatti und Mitarbeiter der Universität Parma (Rizzolatti et. al., 2006) haben 1995 an Affen entdeckt, dass in deren Gehirn die gleichen Zellen in ähnlicher Weise erregt sind, wenn sie eine Tätigkeit beobachten und die aktiv sind, wenn sie diese Tätigkeit selbst ausführen. Diese Zellen nannte man »Spiegelneuronen« oder »Spiegelzellen« und man entdeckte sie auch bei Menschen. Laut Wikipedia berichtete eine 2010 publizierte Studie über den ersten direkten Nachweis von Spiegelneuronen beim Menschen (Mukamel, 2010).

Sie »wurden mittlerweile in allen Zentren des Gehirns gefunden« (Bauer, 2009). Es handelt sich dabei aber nicht um besondere, zusätzliche Nervenzellen, sondern um ganz normale Neuronen, die gleichsam noch einen Nebenjob ausüben. Wenn man z. B. selbst Schmerzen empfindet, sobald man zusieht, wie sich ein nahestehender Mensch verletzt, dann werden im Gehirn des Beobachters in diesem Moment genau die Neuronen aktiv, die auch aktiv sind, wenn man sich selbst verletzt. Man erklärt mit diesen Spielgelneuronen das Phänomen der Empathie. »Spiegelzellen vermitteln uns das, was wir meinen, wenn wir sagen, dass wir das Handeln eines anderen Menschen – intuitiv und ohne langes Nachdenken – verstehen« (Bauer, 2009, S.53). Wie aktiv diese Spiegelneuronen sind, hängt von Lernprozessen aus der Vergangenheit und von der spezifischen Situation ab, in der die Spiegelneuronen aktiv werden, z. B. in welchem Umfang wir den dabei entstehenden Empfindungen erlauben, in den Vordergrund des Bewusstseins zu treten.

Die Spiegelneuronen sind eine wichtige Grundlage für das soziale Lernen. Wie bei wahrscheinlich allen Funktionen des Menschen gilt auch hier: »Use it or lose it«. Nur die Funktionen, die wir regelmäßig nutzen, stehen uns langfristig zur Verfügung, und je häufiger wir sie nutzen, desto differenzierter und leichter können wir von ihnen Gebrauch machen. Hierin liegt die Grundlage des Trainings vor allem auch beim sozialen Lernen.

Rechtes und linkes Hirn:
In vielen Veröffentlichungen wird darauf hingewiesen, dass unsere zwei Hirnhälften unterschiedliche Funktionen haben. Das rationale Denken, Überlegen, Kalkulieren ordnet man dem »linken Hirn« zu während man die Zentren für die Intuition, das Gefühl im »rechten Hirn« sieht.

»Die unterschiedliche Rolle der beiden Großhirnhemisphären bei der Unterstützung der beiden hochinferenten Funktionen (Denken und Fühlen) ist durch zahlreiche Befunde von Patienten mit lokalisierten Hirnschädigungen belegt und lässt sich mit verschiedenen Asymmetrien auch auf der neuroanatomischen Ebene in Verbindung bringen« (Kuhl, 2001, S. 789; s.a. Kolb & Wishaw, 1993). Somit lässt sich die von Kuhl (2001) vertretene Meinung, dass das Extensionsgedächtnis und die intuitive Ausführung im rechten Hirn zu finden sind, während Intentionsgedächtnis und Objekterkennungssystem (s. Abb. 12) im linken Hirn lokalisiert sind, auch anatomisch belegen.

Das Modell der unterschiedlichen Funktionen von rechtem und linkem Hirn kann bei der Vermittlung affektiver Lernziele helfen, die inneren Konflikte zu erklären, die immer wieder bei den Adressaten auftauchen, wenn es ihnen nicht gelingt, ihre Gefühle im Zaum zu halten und sich »vernünftig« zu verhalten.

Fazit
Die Erkenntnisse der Hirnforschung unterstützen viele Theorien und Annahmen aus der pädagogischen Psychologie und der PSI-Theorie und helfen damit schon heute, passende Erklärungen für das methodisch/didaktische Vorgehen bei der Vermittlung affektiver Lernziele zu finden. Bisher haben die Erkenntnisse vor allem eine Bestätigung der intuitiv gefällten Entscheidungen gebracht. Es bleibt abzuwarten, ob die Erkenntnisse der Hirnforschung in Zukunft zu Einsichten führen, die ein anderes, als das bisher übliche Vorgehen nahe legen.

2.4.9 Literatur des Autors zu den emotionsbasierten Lernumgebungen:
Näher ausgeführt hat der Autor die hier dargestellten Prinzipien der emotionsbasierten Lernumgebung vor allem in folgenden Büchern:

Martens, J. U. (1998a). *Verhalten und Einstellungen ändern. Veränderung durch gezielte Ansprache des Gefühlsbereichs. Ein Lehrkonzept für Seminarleiter.* 4. Auflage. Hamburg: Windmühle

Martens, J.-U. (2009). *Einstellungen erkennen, beeinflussen und nachhaltig verändern. Von der Kunst, das Leben aktiv zu gestalten.* Stuttgart: Kohlhammer.

Martens, J.-U. & Kuhl, J. (2011). *Die Kunst der Selbstmotivierung. Neue Erkenntnisse der Motivationsforschung praktisch nutzen.* 4. Auflage. Stuttgart: Kohlhammer.

3. Kritische Würdigung und Erkenntnisgewinn (Zusammenfassung)

3.1 Die Empfehlung der Umsetzung Gestaltpsychologie in die Praxis

Die Erfahrungen mit programmierten Unterweisungen, die nach gestaltpsychologischen Prinzipien aufgebaut sind, haben gezeigt, dass mit dieser Methode vor allem beim Lernen von Erwachsenen gute Erfolge erzielt werden können. Den zu vermittelnden Lehrstoff so aufzubereiten, dass der Lernende einzelne Schritte selbständig vollziehen kann, so dass er die Inhalte gleichsam »nach-entdeckt«, hat nicht nur den Vorteil, dass dadurch die Lernleistung verbessert und die Übertragbarkeit des Wissens auf neue Situationen gesteigert wird, es zeigt dem Adressaten nebenbei auch, dass er eigenständig den Stoff entwickeln kann. Damit werden sein Selbstbewusstsein und damit seine »Gestalterhaltung« gefördert, ein Effekt, der für das Erreichen des Lernziels in der Praxis häufig wichtiger ist, als das Erreichen der kognitiven Lernziele.

Bei seiner Recherche hat der Autor im deutschsprachigen Raum nur wenige Bücher aus jüngerer Zeit gefunden, die sich (wenn auch am Rande) mit dem Thema Gestaltpsychologie in der Pädagogik beschäftigen (Herget, 2000, Schulte, 2005 und Gallin & Ruf, 1998). Andere Veröffentlichungen stellen nur einen geschichtlichen Rückblick auf die Erkenntnisse aus den 40er und 50erJahren dar (z.B. Hobmair, 2008). Eine Belebung dieser ursprünglich deutschen Forschungsrichtung könnte nach den Untersuchungen des Autors sehr fruchtbare Ansätze für das Lernen nicht nur von Erwachsenen hervorbringen.

Die Modelle, die sich aus der Übertragung der Erkenntnisse der Gestaltpsychologie auf die Pädagogik ergeben, haben vor allem in dem Feld des E-Learning ein ideales Anwendungsgebiet. In einem von einem Computer gesteuerten Lernumfeld lassen sich z.B. die Prinzipien des entdeckenden Lernens und die Anpassung an die individuelle Leistungsfähigkeit der Lernenden erreichen. Dadurch könnte man gewährleisten, dass die Adressaten an die individuellen Grenzen ihrer Erkenntnisfähigkeit herangeführt werden, ohne überfordert zu werden.

3.2 Vor- und Nachteile des Einsatzes von technischen Medien in der Praxis des Lehrens und Lernens

Die Entwicklung der Unterrichtstechnologie, vor allem der Einzug des EDV und damit des E-Learning in die Aus- und Weiterbildung (und in geringerem Ausmaß und mit einiger Verzögerung auch in der Schule und Universität) hat eine große Vielfalt von nützlichen didaktischen und methodischen Möglichkeiten geschaffen. Durch sie kann die Motivation und der Lernerfolg der Adressaten deutlich gesteigert werden. Andererseits ist nicht jede technisch mögliche Spielerei bei der Präsentation der Lerninhalte wirklich lernförderlich. Wenn man alle Möglichkeiten der Technik nutzt, besteht die Gefahr, dass die Form der Darstellung vom Inhalt ablenkt.

Bei der Auswahl der für den Einzelfall geeigneten technischen Medien kann eine Systematik, wie etwa eine gründliche Lernziel- und Adressatenanalyse mit der Festlegung der im Vordergrund stehenden Lernformen, helfen. Nach den Untersuchungen und den Recherchen des Autors gibt es bisher allerdings kein wissenschaftlich begründetes, exaktes Vorgehen, durch das eindeutig die für den Einzelfall optimalen Medien und Methoden bestimmt werden können. Nach wie vor spielen die Intuition und damit die Erfahrung dessen, der das didaktisch-methodische Vorgehen plant und entscheidet, eine wesentliche Rolle. Die Konzeption einer optimal aufgebauten Lehrsystems im Medienverbund ist nach wie vor – und sicher auch in der Zukunft – nicht nur eine Frage der Wissenschaft sondern auch und vielleicht primär eine Kunst.

3.3 Die Bedeutung und die Problematik der Vermittlung affektiver Lernziele

Lässt sich eine Verhaltensveränderung oder ein durch diese Verhaltensänderung angestrebtes Ergebnis besser erreichen, wenn man bewusst die Bewertung der Wahrnehmung und damit die emotionalen Reaktionen, d. h. also affektive Lernziele beim Training in die Planung entsprechender Maßnahmen mit einbezieht?

Die von Bloom (Bloom u. a., 1956) und Krathwohl (Krathwohl u. a., 1964) populär gemachte Unterscheidung in kognitive, affektive und psychomotorische Lernziele hat sich bei der Frage nach der optimalen Vermittlung von Lernzielen in der Pädagogik bisher nicht durchgesetzt. Zwar werden immer wieder affektive Lernziele als wichtig und zum

Erreichen einer Verhaltensänderung in der Praxis als bedeutsam hingestellt, es wird aber (von Ausnahmen abgesehen) nicht darauf eingegangen, wie man solche Lernziele vermitteln kann.

Das hier dargestellte Modell «Von der Wahrnehmung zur Handlung« (Abb. 9) und die Gliederung der affektiven Lernziele in drei unterschiedliche Lernwege mit entsprechenden Hinweisen für die Vermittlung dieser Lernziele stellen einen Ansatz dar, wie man auch affektive Lernziele in die Planung von Trainingsmaßnahmen einbeziehen kann.

Es wird hier dargestellt, welche Entstehungsgeschichte diese »Didaktik affektiver Lernziele« hat (Fortführung des Ansatzes von Gagné), welcher Bezug dieses Modell zu der Theorie der willentlichen Handlungssteuerung von Kuhl (PSI-Theorie) hat und welche Ergebnisse der modernen Hirnforschung das Konzept unterstützen. Die Ergebnisse, die der Autor bei der praktischen Umsetzung dieses Konzeptes gewonnen hat, wurden dargestellt und zeigen, dass es sich hierbei nicht nur um ein theoretisch begründbares Konzept handelt, sondern dass man daraus konkrete Handlungsanweisungen für das praktische Vorgehen ableiten kann, die zu positiven Ergebnissen führen.

Bezogen auf die eingangs formulierte Definition von Lernen kann man folgende Hypothese formulieren:

Wenn man unter Lehren und Lernen nicht nur die Aneignung von kognitiven Inhalten, Fertigkeiten und Fähigkeiten durch den Adressaten versteht, sondern auch die Vermittlung affektiver Lernziele, also die Veränderung der emotional gefärbten Reaktion auf die (inneren und äußeren) Wahrnehmungen mit einbezieht, lässt sich eine lang andauernde (nachhaltige) Verhaltensveränderung und damit ein Lernen erreichen, das zu verbesserten Leistungen führt.

Die hier berichteten Arbeiten des Autors stützten diese Hypothese.

3.4 Schlussbemerkung:

Der Umbruch des Wissenschaftsbetriebes in Deutschland durch die europäische Harmonisierung der Hochschulen, Exzellenzinitiativen, Forschungscluster, um nur einige Stichworte zu nennen, hat dazu geführt, dass das Spannungsfeld zwischen Theorie und Praxis erheblich zugenommen hat. »Einerseits soll neues Wissen nach wissenschaftsimmanenten und disziplinspezifischen Regeln generiert und abgesichert werden, andererseits soll das so produzierte Wissen in Anwendungsfeldern wie Schule, Hochschule und Weiterbildung erkennbaren, sichtbaren oder besser noch erfahrbaren Nutzen stiften« (Reinmann & Kahlert, 2007, S. 10).

Die vorliegende Arbeit hat an drei verschiedenen Beispielen gezeigt, wie Wissenschaft »erfahrbaren Nutzen stiften« kann. Man kann an diesen Praxisfällen aber auch sehen, welche Probleme dabei auftreten:

Bei der Umsetzung gestaltpsychologischer Theorien in der programmierten Unterweisung leistete die Wissenschaft deutliche Hilfe, indem sie Ideen lieferte, wie man diese Methode effektiver gestalten kann. An diesem Beispiel zeigte sich allerdings auch, wie schwer es ist, in einem konkreten Praxisfall alle Bedingungen der Lernumgebung und alle Einflussgrößen zu kontrollieren und damit Hypothesen abzusichern.

Bei der Gestaltung medienbasierter Lernumgebungen, bzw. bei der Entwicklung von »teilobjektivierten Lehrsystemen im Medienverbund« spielten theoretisch, und damit wissenschaftlich fundierte Überlegungen eine Rolle, die aber zu der Erkenntnis führten, dass in der Praxis auch die (unwissenschaftliche) Intuition unverzichtbar ist.

Bei den Ausführungen und zitierten Praxisanwendungen zum Thema emotionsbasierter Lernumgebungen schließlich gelang es, aus den wissenschaftlichen Überlegungen und Erkenntnissen praktische Regeln und Handhabungen abzuleiten, die konkreten Nutzen, d. h. eine Verbesserung der Lernleistungen, stiften konnten.

Abschließend sei Kurt Lewin zitiert: »Es gibt nichts Praktischeres als eine gute Theorie.« Der Autor hat in sich seinem ganzen beruflichen Leben von dieser Prämisse leiten lassen und gezeigt, dass dieses Zitat nicht nur ein Wunschdenken zum Ausdruck bringt, sondern zu verwertbaren Ergebnissen führen kann. Es wäre zu wünschen, dass trotz des eingangs erwähnten Umbruchs des Wissenschaftsbetriebes solche Bemühungen auch in Zukunft unterstützt werden können.

Literaturverzeichnis

Ajzen, I. & Fishbein, M. (1970). Prediction of behavior from attitudinal and normative variables. *Journal of Experimental Social Psychology*

Allport, G. W. (1935). Attitudes. In C. Murchison (Ed.), *Handbook of social psychology*. Worchester: Clark University Press (pp. 798 – 844).

Arnold, R. & Holzapfel, G. (Hrsg.) (2008). *Emotionen und Lernen. Die vergessenen Gefühle in der (Erwachsenen-) Pädagogik*. Hohengehren: Schneider Verlag.

Back, A., Seufert, S. & Kramhöller, S. (1998). Technology Enabled Management Education: Die Lernumgebung MBE Genius im Bereich Executive Study an der Universität St. Gallen. *Io management*, 3, 36 – 42.

Bandura, A. (1977a). *Social learning theory*. Englewood Cliffs, NJ: Prentice Hall.

Bandura, A. (1977b). Self-efficacy: Toward a unifying theory of behavioral change. *Psychological Review, 84* (pp. 191 – 215).

Bandura, A. (1977c). *Self-efficacy. The exercise of control*. New York N. Y: W. H. Freeman a. Co.

Bandura, A. (1986). *Social foundation of thought and action: A social cognitive theory*. Englewood Cliffs, NJ: Prentice Hall.

Bandura, A. (1997). *Self-efficacy. The exercise of control*. New York, NY: Freeman.

Barkley, R. A. (1997). Behavioral inhibition, sustained attention, and executive functions: Constructing a unifying theory of ADHD. *Psychological Bulletin*, 121 (pp. 65 – 94).

Bauer, J. (2009). Kleine Zellen, große Gefühle – wie Spiegelneurone funktionieren. Die neurobiologischen Grundlagen der »Theory of Mind«. In U. Herrmann (Hrsg.), *Neurodidaktik. Grundlagen und Vorschläge für gehirngerechtes Lehren und Lernen*; 2. Auflage (S. 49 – 57). Weinheim. Beltz.

Berndt, Ch. (2011). Wer arm ist, dem nützen gute Gene wenig. Eine Zwillingsstudie zeigt, dass sich sozioökonomische Nachteile schon auf die Intelligenz von Zweijährigen auswirken. Süddeutsche Zeitung, Nr. 8 vom 12. Januar 2011, S. 11.

Birkenbihl, M. (1971). *Kleines Arbeitshandbuch für Ausbilder und Dozenten, Train the Trainer*. (2. Auflage) München: Verlag Moderne Industrie.

Bloom, B. S., Engelhart, M. D., Furst, E. J., Hill, W. H. & Krathwohl, D. R. (1956). *Taxonomy of educational objectives: The classification of educational goal. Handbook I: The cognitive domain*. New York: David McKay.

BMBF/Bundesministerium für Bildung und Forschung (Hrsg.) (2006). *Berichtssystem Weiterbildung IX. Integrierter Gesamtbericht zur Weiterbildungssituation in Deutschland*. Internet: http://www.bmbf.de/pub/berichtssystem_weiterbildung_neun.pdf

Bransdorf, J. D., Brown, A. L. & Cocking, R. R. (1999). *How people learn. Brain, mind, experience, and school*. Washington D. C.: National Academic Press.

Bridges, K. M. B. (1932). Emotional development in early infancy. *Child development*. 3 (p. 324 – 341).

Brown, J.S. (1961). *The motivation of behavior.* New York: McGraw Hill.
Bumke, D. (1992). *Schriftenreihe des Kultusministeriums von NW,* Heft 50.
Craik, F.I.M., Moroz, T.M., Moscovitch, M., Stuss, D.T., Winocur, G., Tulving, E. & Kapur, S. (1999). In Search of the self: A positron emission tomography study. *Psychological Science,* 10, (pp. 26 – 34).
Csikszentmihalyi, M. (1992). *Flow. Das Geheimnis des Glücks.* 2. Auflage. Stuttgart: Klett-Cotta.
Dichter, E. (1964). *Strategien im Reich der Wünsche.* München: Deutscher Taschenbuch Verlag.
Dittler, U. (2003). (Hrsg.) *E-Learning. Einsatzkonzepte und Erfolgsfaktoren des Lernens mit interaktiven Medien* (2. überarbeitete und ergänzte Auflage). München: Oldenbourg Verlag.
Dweck, C.S. (2006). *Mindset. The new psychology of success. How we can learn to fulfill our potential.* New York: Ballantine Books.
Dweck, C.D. (2011). *Selbstbild. Wie unser Denken Erfolge oder Niederlagen bewirkt.* 3. Auflage. München: Piper Verlag.
Eagly, A.H. & Chaiken, S. (1998). Attitude structure and function. In D.T. Gilbert, S.T. Fiske & G. Lindzey (Eds.), *The Handbook of Social Psychology* (Vol. 1, pp. 269 – 322). Boston, MA: McGraw-Hill.
Earley, P.C. & Lituchy, T.R. (1991). Delineating goal and efficacy effects: A test of three models. *Journal of Applied Psychology,* 76 (pp. 81 – 98).
Eckhart & Partner GmbH, Rosenstiel, L. v. & Siemens Business Services (2001). *Wissen und Lernen 2010.* München: Siemens.
Eichberger, P.C. (1990). Millionen für Bildung, Pfennige für Evaluation. *Personalwirtschaft,* 3, S. 35 – 43.
Euler, H.A. & Mandl, H. (Hrsg.) (1983). *Emotionspsychologie. Ein Handbuch in Schlüsselbegriffen.* München: Urban und Schwarzenberg.
Fishbein, M. (1961). An investigation of the relationship between beliefs about an object and the attitude towards that object. *Technical Report No. 6.* Los Angeles, Calif.: University of California
Frijda, N. (1986). *The emotions.* Cambridge, UK: Cambridge University Press.
Gagné, R.M. (1970). *Die Bedingungen des menschlichen Lernens.* 2. Auflage. Braunschweig: Hermann Schoedel Verlag.
Gagné, R.M. (1980). *Die Bedingungen des menschlichen Lernens. Vollständige Neubearbeitung.* 5. Auflage. Hannover: Hermann Schoedel Verlag.
Gallin, P. & Ruf, U. (1998). *Sprache und Mathematik in der Schule. Auf eigenen Wegen zur Fachkompetenz.* Seelze/Velber: Kallmeyer
Gist, M.E., & Mitchell, T.R. (1992). Self-efficacy. A theoretical analysis of its determinants and malleability. *Academy of Management Review,* 17 (pp. 183 -211).
Goldstein, I.L. (1993). *Training in organizations: Needs assessment, development, and evaluation.* Monerey, CA: Brooks/Cole.
Goldstein, I.L. & Gessner, M. (1988). Training and development in work organizations. In C.L. Cooper & J.T. Robertson (Eds.), *International review of industrial and organizational psychology* (pp. 43 – 72). Chichester: Wiley.

Goleman. D. (1996). *Emotionale Intelligenz*. München: Carl Hansa Verlag.
Greif, S. & Kluge, A. (2004). Lernen in Organisationen. In H. Schuler (Hrsg.), *Enzyklopädie der Psychologie, Band 3, Organisationspsychologie – Grundlagen und Personalpsychologie* (S. 751 – 825). Göttingen: Verlag für Psychologie Hogrefe.
Gruber, H., Mandl, H. & Renkl, A. (1999). *Was lernen wir in Schule und Hochschule: Träges Wissen?* (Forschungsbericht 101) München: Ludwig-Maximilians-Universität, Lehrstuhl für Empirische Pädagogik und Pädagogische Psychologie.
Günther, I. & Martens, J. U. (1970). *Spielen Sie mit*. Anti-Raucher-Broschüre entwickelt im Auftrag des Bundesministeriums für Jugend, Familie und Gesundheit und der Bundeszentrale für gesundheitliche Aufklärung, Köln.
Heidack, C. (2001) (Hrsg.). *Praxis der Kooperativen Selbstqualifikation*. München: Rainer Hampp Verlag.
Herget, F. (2000). *Einsichtiges Lernen im Religionsunterricht an beruflichen Schulen*. Münster: Lit Verlag.
Herrmann, U. (Hrsg.) (2009). *Neurodidaktik. Grundlagen und Vorschläge für gehirngerechtes Lehren und Lernen*. 2. Auflage. Weinheim: Beltz
Hobmair, H. (2008). *Pädagogik: Lehr- /Fachbuch*. Troisdorf: Bildungsverlag EINS.
Hofstätter, P. R. (1957). *Gruppendynamik*. Reinbeck: Rowohlt.
Holling, H. (2000). Verhaltensmodellierung für die Durchführung von Mitarbeitergesprächen. In M. Kleinmann & B. Strauß (Hrsg.), *Potentialfeststellung und Personalentwicklung* (2. Auflage). Göttingen: Verlag für Angewandte Psychologie.
Holling, H. & Liepmann, D. (1995). Personalentwicklung. In H. Schuler (Hrsg.), *Lehrbuch Organisationspsychologie* (S. 287 – 316). Bern: Huber.
Holmberg, B. & Schuemer, R. (1997). Lernen im Fernstudium. In: F. E. Weinert & H. Mandl (Hrsg.), *Enzyklopädie der Psychologie, Bd. 4 Psychologie der Erwachsenenbildung, Pädagogische Psychologie* (S. 507 – 566). Göttingen: Hogrefe.
Hunt, J. G. (1991). *Leadership: A new synthesis*. Newbury Park, CA: Sage
Institut der deutschen Wirtschaft (1999). *Informationen zur beruflichen Bildung*. Köln: Deutscher Institutsverlag
James, W. (1914). *Habit*. Published: Henry Holt and Company.
Kirkpatrick, D. L. (1976). Evaluation of training. In R. L. Craig (Ed.), *Training and development handbook: A guide to human resource development* (pp. 301 – 319). New York, NY: McGraw-Hill.
Kleinginna, P. R. Jr. & Kleinginna, A. M. (1981). A categorized list of emotion definitions, with suggestions for a conceptual definition. *Motivation and Emotion*, 5 (pp. 345 – 355).
Köhler, W. (1924). *Intelligenzprüfungen an Menschenaffen*. Heidelberg: J. Springer-Verlag.
Kolb, B. & Wishaw, I. Q. (1993): *Neuropsychologie*. Heidelberg: Spektrum Akademischer Verlag.

Kraiger, K. & Jung, M. K. (1997). Linking training objectives to evaluation criteria. In M. A. Quinones & A. Ehrenstein (Eds.), *Training for a rapidly changing workplace. Application of psychological research* (pp. 151 – 177). Washington, DC: APA.

Krathwohl, D. R., Bloom, B. S. & Masia, B. B. (1964). *Taxonomy of educational objectives: The classification of educational goals. Handbook II: Affective domain.* New York: David McKay.

Krathwohl, D. R., Bloom, B. S. & Masia, B. B. (1975). *Taxonomie von Lernzielen im affektiven Bereich.* Weinheim: Beltz

Krapp, A. & Weidenmann, B. (Hrsg.) (2006). *Pädagogische Psychologie.* (5. Auflage). Weinheim: Beltz.

Kuhl, J. (2001). *Motivation und Persönlichkeit. Interaktionen psychischer Systeme.* Göttingen: Hogrefe.

Kuhl, J. (2009). *Lehrbuch der Persönlichkeitspsychologie: Motivation, Emotion, Selbststeuerung.* Göttingen: Hogrefe.

Kuhl, J. (2010). *Persönlichkeit und Motivation im Unternehmen – Anwendung der PSI-Theorie in Personalauswahl und –entwicklung.* Stuttgart: Kohlhammer.

Kuhl, J. & Kazén, M. (1999). Volitional facilitation of difficult intentions: Joint activation of intention memory and positive affect removes Stroop interference. *Journal of Experimental Psychology: General,* 128 (S. 382 – 399).

Kuhl, J. & Völker, S. (1998). Entwicklung und Persönlichkeit. In H. Keller (Hrsg.), *Lehrbuch Entwicklungspsychologie* (S. 207 – 240). Bern: Huber.

Landois, L. & Rosemann, H.-U. (1960). *Lehrbuch der Physiologie des Menschen.* (Bd. 1, 26. Auflage). München: Urban & Schwarzenberg.

Landsberg, G. & Weiß, R. (Hrsg.) (1995). *Bildungscontrolling.* Stuttgart: Schaeffer-Poeschel.

Lemke, S. G. (1995). *Transfermanagement.* Göttingen: Verlag für angewandte Psychologie.

Lersch, Ph. (1964). *Der Aufbau der Person.* München: Barth.

Mandl, H. & Euler, H. A. (1983). Begriffsbestimmungen. In: H. A. Euler & H. Mandl (Hrsg.) *Emotionspsychologie. Ein Handbuch in Schlüsselbegriffen.* (S. 5 – 11), München: Urban und Schwarzenberg.

Mandl H. & Friedrich H. F. (Hrsg.) (1991). *Wissenschaftlich Weiterbildung und Selbststudium. Konzeption und Realisierung von Lehr-Lern-Modellen für das Selbststudium.* Tübinger Beiträge zum Fernstudium (Band 21). Weinheim: Beltz Verlag.

Mandl, H. & Reinmann-Rothmeier, G. (Hrsg.) (2000). *Wissensmanagement: Informationszuwachs – Informationsschwund?* München: Oldenbourg.

Martens, J. U. (1966). Gestaltpsychologie in der Programmierten Unterweisung (Teil I und II). In *Lehrprogramme* I/66 und II/66, München, Manz.

Martens, J. U. (1968). *Experimentelle Ergebnisse der Forschungsstudie: Gestaltpsychologie in der Programmierten Unterweisung.* Unveröffentlicher Bericht über die Ergebnisse der Forschungsstudie im Aufrag der VW-Stiftung.

Martens, J. U. (1969). *Rechnen leichter gelernt. Band I – III.* Herausgeber Dr.

Wolfgang Schneider, Institut Mensch und Arbeit. München: Verlag Mensch und Arbeit.

Martens, J. U. (1970a). *Möglichkeiten der Programmierten Unterweisung in der Gesundheitserziehung*. In: Bundeszentrale für gesundheitliche Aufklärung (Hrsg.), *Verhaltensbeeinflussung durch die Gesundheitserziehung. Methodologische Probleme. Beiträge zur Grundlagenforschung in der Gesundheitserziehung. 1. Internationales Seminar für die Gesundheitserziehung*. (S. 163 – 172). Köln.

Martens, J. U. (1970b). PU in der medizinischen Ausbildung. In: *Didakta medica 3*, (S. 87 – 89). München: LehmannsVerlag.

Martens, J. U. (1971). Theorie und Praxis der Programmierten Unterweisung. In: *Jahrbuch für Wissenschaft, Ausbildung, Schule WAS '71*, (S. 88 – 109). Frankfurt: Deutscher Studienverlag.

Martens, J. U. (1972). *Konferenztechnik. Arbeitsweise und Aufgabenverteilung.* Neuauflage (1982c) : *Konferenztechnik. Eine Programmierte Unterweisung.* Stuttgart: Deutsche Verlagsanstalt.

Martens, J. U. (1975). *ALM Allianz Lehrsystem im Medienverbund. Lehrgang 1. Die Allianz-Außendienstausbildung. Studie zur fachlichen Grundausbildung der Allianz-Außendienst-Ausbildung im ersten Jahr*. München: Unveröffentlichter Bericht der Allianz Versicherung.

Martens, J. U. (1976). *Praxis des Medienverbundes. Ein Handbuch für Ausbilder, Dozenten und Trainer in Wirtschaft und Verwaltung*. Stuttgart: Deutsche Verlagsanstalt. (Nachdruck 1978). Wiesbaden: Gabler Verlag.

Martens, J. U. (1977). *Untersuchungsergebnisse: Bericht zur Vergleichsuntersuchung »altes Lehrsystem« gegen »Allianz Lehrsystem im Medienverbund A. L. M. I.«*. München: Unveröffentlichter Bericht der Allianz Versicherung.

Martens, J. U. (1982a). *Der Blutkreislauf.* München: Hippokrates Verlag.

Martens, J. U. (1982b). *Das Herz. Eine Programmierte Unterweisung*. München: Hippokrates Verlag.

Martens, J. U. (1982c). *Konferenztechnik. Eine Programmierte Unterweisung.* Stuttgart: Deutsche Verlagsanstalt.

Martens, J. U. (1984). *Verhalten und Einstellungen ändern. Veränderung durch gezielte Ansprache des Gefühlsbereichs. Ein Lehrkonzept für Seminarleiter* (1. Auflage). Hamburg: Windmühle.

Martens, J. U. (1985). Die Bedeutung affektiver Lernziele in der Wissensvermittlung. In R. G. Lehmann (Hrsg.), *Arbeitshandbuch: Planung, Praxis, Fallbeispiele der betrieblichen Schulung* (S. 201 – 215). München: Verlag Neuer Merkur.

Martens, J. U. (1986). *Programmierte Unterweisung VOB Teil C DIN 18363 Anstricharbeiten.* Stuttgart: Deutsche Verlagsanstalt.

Martens, J.-U. (1987a). Empirische Erprobung »objektivierter Lehrsysteme«. In H. Will, A. Winteler & A. Krapp (Hrsg.), *Evaluation in der beruflichen Aus- und Weiterbildung. Konzepte und Strategien* (S. 89 – 107). Heidelberg: Sauer-Verlag.

Martens, J. U. (1987b). Die Rolle affektiver Lernziele in der Organisationsentwicklung. In: R. G. Lehmann (Hrsg.), *Arbeitshandbuch: Planung, Praxis, Fallbeispiele der betrieblichen Schulung.* Offenbach: Jünger Verlag.

Martens, J. U. (1988). *Das Nervensystem.* München: Hippokrates Verlag.

Martens, J. U. (1991). Didaktische Möglichkeiten des CBT nutzen. In R. G. Lehmann (Hrsg.), *Forum Aus- und Weiterbildung. Ein Handbuch* (S. 193 – 206) Frankfurt: DIDACTA.

Martens, J. U. (1996). Lehrmethoden – Lernmethoden? Die Auswirkungen der modernen Unterrichtstechnologie auf die Methodik und Didaktik. In: R. G. Lehmann (Hrsg.), *Jahrbuch Management und Weiterbildung 1996/97. Über Methodik und Praxis der betrieblichen Weiterbildung.* Offenbach: Jünger Verlag

Martens, J. U. (1998a). *Verhalten und Einstellungen ändern. Veränderung durch gezielte Ansprache des Gefühlsbereichs. Ein Lehrkonzept für Seminarleiter.* (4. Auflage). Hamburg: Windmühle.

Martens, J. U. (1998b). Verhaltenstraining mit Multimedia?! Möglichkeiten und Grenzen von Multimediaprogrammen in der Aus- und Weiterbildung. In U. Beck & W. Sommer (Hrsg.), *Learntec. 6. Europäischer Kongress und Fachmesse für Bildungs- und Informationstechnologie. Tagungsband* (S. 145 – 154). Karlsruhe: Holler.

Martens, J. U. (1999). Didaktische Möglichkeiten und Grenzen von Multimediaprogrammen. In: *HDM Praxis der Wirtschaftsinformatik: Multimediale Bildungssysteme,* Heft 205, Feb. 1999 (S. 45 – 53). Langenfeld: Hüchtig.

Martens, J. U. (2003a). Der Persönliche Berater – Förderung erfolgsbestimmender Einstellungen. In: U. Dittler (Hrsg.), *E-Learning. Einsatzkonzepte und Erfolgsfaktoren des Lernens mit interaktiven Medien* (2. überarbeitete und ergänzte Auflage). München: Oldenbourg Verlag.

Martens, J. U. (2003b). Selbstqualifizierung. In: G. F. Müller (Hrsg.), *Selbstverwirklichung im Arbeitsleben* (S. 279 – 311) Lengerich: Pabst Science Publishers.

Martens, J.-U. (2009). *Einstellungen erkennen, beeinflussen und nachhaltig verändern. Von der Kunst, das Leben aktiv zu gestalten.* Stuttgart: Kohlhammer.

Martens, J.-U. (2010a). Werte und Zukunft. In G. Pischetsrieder (Hrsg.). *Werte, Wertschätzung, Wertschöpfung ... für Beruf und Unternehmen* (S. 479 – 490). Hamburg: Verlag GPO mbH

Martens, J. U. & Götz, K. (2000). Die Psychologie der virtuellen Gruppe. In K. Götz & J. U. Martens (Hrsg.) *Elektronische Medien als Managementinstrument* (S. 103 – 127). München: Rainer Hampp Verlag.

Martens, J.-U. & Kuhl, J. (2011). *Die Kunst der Selbstmotivierung. Neue Erkenntnisse der Motivationsforschung praktisch nutzen.* 4. Auflage. Stuttgart: Kohlhammer.

Martens, J. U. & Scharwächter, C. (1997). Der Persönliche Berater. Das eigene Leben gestalten. (Multimedia-Programm: CD-ROM und Buch). München: IWL

McGaugh, J. L. (2000). Memory – a century of consolidation. *Science, 287,* pp. 248 – 251.

McGinnies, E. & Rosenbaum, L. L. (1965) A test of the selective-exposure hypothesis in persuasion. *Journal of psychology* 61, pp. 237 – 240.
McLuhan, M. (1967). *The medium is the message. An inventory of effects.* New York: Random House.
McLuhan, M. (2009). *Das Medium ist die Botschaft.* Berlin: Philo Verlagsgesellschaft
Meyer, H. H. & Raich, M. S. (1983). An objective evaluation of a behavior modeling training program. *Personal Psychology, 36* (pp. 755 – 761).
Müller, G. F. (2003). Selbstführung. Strategien zur Erhöhung innerer Transparenz und äußerer Wirksamkeit für mehr berufliche Selbstverwirklichung. In: G. F. Müller (Hrsg.) *Selbstverwirklichung im Arbeitsleben* (S. 171 – 202). Lengerich: Pabst Science Publishers.
Mukamel, R. et al. (2010). Single-Neuron Responses in Humans during Execution and Observation of Actions. *Current Biology,* Bd. 20, 8 (pp. 750–756).
Newberg, N. & Borton, T. (1976). *Emotionales und soziales Lernen in der Schule.* (Hrsg. K. Kunert). München: Kösel Verlag.
Öhman, A.; Hamm, A. & Hugdahl, K. (1998). Cognition and the automatic nervous system: Orienting, anticipation, and conditioning. In J. T. Cacioppo, L. G. Tassinary & G. G. Berntson (Eds.), *The handbook of psychophysiology.* New York, N. Y.: Cambridge University Press.
Oerter, R. (1975). Was sind Emotionen? Sozialwissenschaftliche Erklärungsversuche und Befunde. In: R. Oerter & E. Weber (Hrsg.), *Der Aspekt des Emotionalen in Unterricht und Erziehung* (S.15 – 68). Donauwörth: Auer Verlag.
Peterson, Ch., Maier, S. F. & Seligmann, M. E. P. (1993). *Learned Helplessness. A theory for the age of personal control.* New York, N. Y.: Oxford University Press.
Phillips, J. M. & Gully, S. M. (1997). Role of goal orientation, ability, need for achievement, and locus of control in the self-efficacy and goal setting process. *Journal of Applied Psychology, 82* (pp. 792 – 802).
Porras, J. I. & Anderson, B. (1981). Improving managerial efficiency through modeling-based training. *Organizational Dynamics, 9* (pp. 59 – 79).
Postman, L. (1953). The experimental analysis of motivational factors in perception. In: M. Jones (ed.), *Neb. Symp. on Motivation.* Lincoln Univ. of Nebraska Press.
Prenzel, M., Mandl, H. & Reinmann-Rothmeier, G. (1997). Ziele und Aufgaben der Erwachsenenbildung. In F. E. Weinert & H. Mandl (Hrsg.), *Enzyklopädie der Psychologie (Bd. 4, Psychologie der Erwachsenenbildung, Pädagogische Psychologie,* S. 1 – 45). Göttingen: Hogrefe.
Reinmann, G. & Mandl, H. (2006). Unterrichten und Lernumgebung gestalten. In: A. Krapp & B. Weidenmann (Hrsg.), *Pädagogische Psychologie* (5. Auflage, S. 611 – 658). Weinheim: Beltz.
Reinmann-Rothmeier, G. & Mandl, H. (1997). Lehren im Erwachsenenalter. Auffassungen vom Lehren und Lernen, Prinzipien und Methoden. In F. E. Weinert & Mandl (Hrsg.), *Enzyklopädie der Psychologie (Bd. 4, Psychologie der Erwachsenenbildung,* S. 355 – 403). Göttingen: Hogrefe.

Reykowski, J. (1973). *Psychologie der Emotionen.* Donauwörth: Auer Verlag
Rizzolatti, G., Fogassi, L. & Gallese, V. (2006): Mirrors in the Mind. *Scientific American* Bd. 295, Nr. 5, (pp. 30–37).
Rokeach, M. (1968). *Beliefs, attitudes, and values.* San Francisco, CA: Jossey-Bass
Rokeach, M. (1973). *The nature of human values.* New York, NY: Free Press
Rosenbladt, B. v. (2007). Unterscheidung von beruflicher und allgemeiner Weiterbildung in empirischen Erhebungen zur Weiterbildungsteilnahme. In *Report 30/4*, zitiert nach www.die-Bonn.de/doks/Rosenbladt0701.pdf.
Rossi, P.H., Lipsey, M.W. & Freeman H.E. (2003). *Evaluation: a systematic approach.* Newbury Park: Sage
Saks, A.M. (1994). Moderating effects of self-efficacy for the relationship between training method and anxiety and stress reactions of newcomers. *Personal Psychology, 46* (pp. 613–627).
Saks, A.M. (1997). Transfer of training and self-efficacy: What is the dilemma? *Applied Psychology. An International Review, 46* (pp. 365–370).
Scharper, N. (2004). Förderung und Evaluation von Transfer bei computer- und netzbasierten Lernszenarien. In D. Meister (Hrsg.), *Online-Lernen und Weiterbildung* (S. 105–136). Opladen: Leske + Budrich.
Scharwächter, C. & Martens, J.-U. (1997). *Der persönliche Berater. Das eigene Leben gestalten.* Begleitbuch zum gleichnamigen Multimediaprogramm. München: IWL Martens Lehrsysteme GmbH.
Scheich, H. (2003). Lernen unter Dopamindusche. In: *Die ZEIT*, Nr. 39, 18.9.2003, S.38.
Scherer, K.R. (1990). Theorien und aktuelle Probleme der Emotionspsychologie. In K.R. Scherer (Hrsg.) *Enzyklopädie der Psychologie: (Bd. 3, Psychologie der Emotion*, S. 1–38), Göttingen: Hogrefe.
Schiefele, H. (1964). *Programmierte Unterweisung. Ergebnisse und Probleme aus Theorie und Praxis* München: Ehrenwirt Verlag
Schneider, K. & Dittrich, W. (1990). Evolution und Funktion von Emotionen. In K.R. Scherer (Hrsg.), *Enzyklopädie der Psychologie (Bd. 3 Psychologie der Emotion*, S. 41–114), Göttingen: Hogrefe.
Schulte, K.M. (2005). *Lernen durch Einsicht: Erweiterung des gestaltpsychologischen Lernbegriffs.* Wiesbaden: Vs Verlag.
Schulz von Thun, F. (1998). *Miteinander reden. 3. Das »Innere Team« und situationsgerechte Kommunikation* (14. Auflage). Reinbek: Klett-Cotta.
Schwäbisch, L. & Sims, M. (1973). *Anleitung zum sozialen Lernen* für Paare, Gruppen und Erzieher. Kommunikations- und Verhaltenstraining. Reinbeck: Rowohlt
Schwartz, S.H. & Bilsky, W. (1987). Toward a universal psycholgical structure of human values. *Journal of Personality and Social Psychology, 53*, S. 550–562.
Seligmann, M.E.P. (2006). *Learned optimism. How to change your mind and your life.* New York N.Y.: Vintage Books.
Siebert, H. (1991). Erwachsenenbildung und Weiterbildung. In L. Roth (Hrsg.), *Pädagogik. Handbuch für Studium und Praxis* (S. 629–639). München: Ehrenwirth.

Siebert, H. (2009). *Didaktisches Handeln in der Erwachsenenbildung. Didaktik aus konstruktivistischer Sicht* (6. Auflage), Augsburg: Ziel.
Six, B. & Felfe, J. (2004). Einstellungen und Werthaltungen in organisationalen Kontexten. In H. Schuler (Hrsg.), *Enzyklopädie der Psychologie (Band 3, Organisationspsychologie – Grundlagen und Personalpsychologie*, S. 597 – 672). Göttingen: Verlag für Psychologie Hogrefe.
Skinner, B. F. (1953). *Science and human behavior.* New York: Macmillan.
Skinner, B. F. (1958). Teaching machines. *Science 128* (3330) (pp. 969 – 977).
Skinner, B. F. (1982). *Wissenschaft und menschliches Verhalten. Science and Human Behavior.* Berlin: Kindler-Verlag.
Sonntag, Kh. (1996). *Lernen im Unternehmen.* München: C. H. Beck.
Sonntag, Kh. (2002). Personalentwicklung und Training. *Zeitschrift für Personalpsychologie, 2,* S. 59 – 79.
Sonntag, Kh. (2004). Personalentwicklung. In H. Schuler (Hrsg.), *Enzyklopädie der Psychologie, Band 3, Organisationspsychologie – Grundlagen und Personalpsychologie,* (S. 597 – 672). Göttingen: Verlag für Psychologie Hogrefe
Sonntag, Kh. & Schäfer-Rauser, U. (1993). Selbsteinschätzung beruflicher Kompetenzen bei der Evaluation von Bildungsmaßnahmen. *Zeitschrift für Arbeits- und Organisationspsychologie, 37,* S. 163 – 171.
Sonntag, Kh. & Steigmaier, R. (2001). Verhaltensorientierte Verfahren der Personalentwicklung. In H. Schuler (Hrsg.), *Lehrbuch der Personalpsychologie* (S. 265 – 287). Göttingen: Hogrefe.
Stackman, R. W., Pinder, C. C. & Connor, P. E. (2000). Values lost: Redirecting research of values in the workplace. In N. M. Askanasy, C. P. M. Wilderom & M. F. Peterson (Eds.), *Handbook of organizational culture & climate* (pp. 37 – 54. Thousand Oaks, CA: Sage.
Tannenbaum, S. I. & Yukl, G. (1992). Training and development in organizations. *Annual Review of Psychology, 35* (pp. 399 – 441).
Tietgens, H. (1991). *Einleitung in die Erwachsenenbildung.* Darmstadt: Wissenschaftliche Buchgesellschaft.
Tietgens, H. (1997). Allgemeine Bildungsangebote. In F. E. Weinert & H. Mandl (Hrsg.) *Enzyklopädie der Psychologie, Bd. 4 Psychologie der Erwachsenenbildung, Pädagogische Psychologie.* (S. 469 – 505). Göttingen: Hogrefe.
Triandis, H. C. (1975). *Einstellungen und Einstellungsänderung.* Weinheim: Beltz Verlag
Tulving, E. (2002). Chronestesia: Conscious awareness of subjective time. In Stuss, D. T. & Knight, R. C. (eds.) *Principles of lobe functions.* (pp. 311 – 325). New York N. Y.: Oxford University Press.
Tutu, D. & Tutu, M. (2010). *Der Mensch ist da, um gut zu sein.* München: Pattloch Verlag.
Vbw – Vereinigung der Bayerischen Wirtschaft e. V. (Hrsg.) (2011). *Bildungsreform 2000 – 2010 – 2020. Jahresgutachten 2011.* München: VS Verlag.
Volke-Groh, T. & Martens, J.-U. (2001). Individuelles Lernen erfordert soziale Phasen. Neue Trends im Bereich der betrieblichen Aus- und Weiterbildung.

In C. Heidack (Hrsg.), *Praxis der Kooperativen Selbstqualifikation* (S. 31 – 39). München: Rainer Hampp Verlag.

Wankenhut, R. (1996). Bildungscontrolling im Führungskräftetraining. In B. Rank & R. Wankenhut (Hrsg.), *Bildungscontrolling: Erfolg in der Führungskräfteentwicklung* (S. 1 – 48). München: Hampp.

Weber, M. (1998). *Evaluation von multimedialen Lernprogrammen als Beitrag zur Qualitätssicherung von Weiterbildungsmaßnahmen.* Frankfurt a.M.: Peter Lang.

Weidenmann, B. (1997). Medien in der Erwachsenenbildung. In F.E. Weinert & H. Mandl (Hrsg.) *Enzyklopädie der Psychologie (Bd. 4 Psychologie der Erwachsenenbildung, Pädagogische Psychologie* S. 405 -436). Göttingen: Hogrefe.

Weidenmann, B. (2006). *Erfolgreiche Kurse und Seminare.* 7. Auflage. Weinheim: Beltz

Weidenmann, B. & Martens, J.U. (1988). *Pharmakologie. Eine Programmierte Unterweisung.* München: Hippokrates Verlag.

Weinberg, J. (1990). *Einführung in das Studium der Erwachsenenbildung.* Bad Heilbrunn: Klinkhardt.

Weinert, F.E. & Mandl, H. (Hrsg.) (1997). *Enzyklopädie der Psychologie (Bd. 4 Psychologie der Erwachsenenbildung, Pädagogische Psychologie).* Göttingen: Hogrefe.

Wertheimer, M. (1964). *Produktives Denken.* Frankfurt am Main: Kramer.

Wheeler, M.A., Stuss, D.T. & Tulving, E. (1997). Toward a theory of episodic memory: The frontal lobes and autonoetic consciousness. *Psychological Review,* 66, (pp. 297 – 333).

Whitehead, A.N. (1929). *The Aims of Education and Other Essays.* New York: The Free Press.

Will, H., Winteler, A. & Krapp, A. (Hrsg.) (1987). *Evaluation in der beruflichen Aus- und Weiterbildung. Konzepte und Strategien.* Heidelberg: Sauer-Verlag

Wottawa, H. (2006). Evaluation. In: A. Krapp & B. Weidenmann (Hrsg.) *Pädagogische Psychologie* 5. Auflage (S. 659 – 687) Weinheim: Beltz

Wottawa, H. & Hof, G. (1987). Individualmodelle zur Erfassung handlungsrelevanter kognitiver Strukturen als Hilfsmittel zur Verbesserung von Weiterbildungsmaßnahmen. In H. Will, A. Winteler & A. Krapp (Hrsg.). *Evaluation in der beruflichen Aus- und Weiterbildung. Konzepte und Strategien.* (S. 109 – 127) Heidelberg: Sauer-Verlag

Zuschlag, B. (1987). Widerstände gegen Evaluationsmaßnahmen. In H. Will, A. Winteler & A. Krapp (Hrsg.), *Evaluation in der beruflichen Aus- und Weiterbildung. Konzepte und Strategien* (S. 75 – 88) Heidelberg: Sauer-Verlag.

Zrzavý, J., Storch, D. & Mihulka, S. (2010). *Evolution: Ein Lese-Lehrbuch.* Heidelberg: Spektrum Akademischer Verlag.

Anhang:

Verzeichnis der Abbildungen und Tabellen:

Abb. 1: Bereiche der Erwachsenenbildung 7
Abb. 2: Drei Ebenen des Lernerfolgs in Beziehung zu den Methoden der Erfolgsmessung, zu externen Einflussfaktoren und der Lernzielanalyse 13
Abb. 3: Die Schritte zur Auswahl von Medien und Methoden eines Lehrsystems.. 37
Abb. 4: Unterschiedliche Funktionen von Emotionen beim Lernen .. 52
Abb. 5: Vom Verhaltensproblem zu den Lernbedingungen 65
Abb. 6: Signallernen, Einstellungslernen und soziales Lernen im Überblick.. 72
Abb. 7: Die Rolle der Gefühle bei den verschiedenen Arten des Lernens im affektiven Bereich 73
Abb. 8: Forderungen an die Gestaltung der verschiedenen Lernwege zur Vermittlung affektiver Lernziele 74
Tab. 1: Unterschiede zwischen affektivem und kognitivem Lernen ... 76
Abb. 9: Von der Wahrnehmung zur Handlung: Emotionen als wesentliche Einflussgröße beim Zustandekommen einer Handlung 84
Abb. 10: Das theoretische Modell der Vermittlung affektiver Lernziele. 89
Abb. 11: Verlauf der »Vergessens-Kurve« bei Wissen und bei Einstellungen 91
Abb. 12: Die Einstellung zum Beruf des Versicherungsverkäufers vor und nach der Verkaufsschulung......................... 95
Abb. 13: Die Einstellung zum Kunden vor und nach dem Training 96
Tab. 2: Funktionsprofile der vier persönlichkeitsrelevanten Makrosysteme (Kuhl, 2001, S. 162) 106
Abb. 14: Grafische Darstellung der PSI-Theorie (Aus: Martens & Kuhl, 2010, S. 78): 107
Abb. 15: Das limbische System (Aus: Karl C. Mayer, Internet) 113

Ausgewählte Bücher, Fachaufsätze, Projekte und Seminarprogramme des Autors in chronologischer Reihenfolge

1. **Bücher, die das Konzept theoretisch und praktisch darstellen und untermauern:**

- »Praxis des Medienverbundes. Ein Handbuch für Ausbilder, Dozenten und Trainer in Wirtschaft und Verwaltung«, Deutsche Verlagsanstalt Stuttgart 1976.
  Einsatz von objektivierten Medien bei der Vermittlung von Lernzielen, einschließlich affektiver Lernziele.

- »Pädagogisch farbenblind? Vermittlung affektiver Lernziele.« Windmühleverlag Essen, 1984.
  1998 erschien die 4. wesentlich überarbeitete Auflage unter dem neuen Titel: »Verhalten und Einstellungen ändern. Veränderung durch gezielte Ansprache des Gefühlsbereichs. Ein Lehrkonzept für Seminarleiter«. Windmühle Verlag Hamburg.
  Umfangreiches (über 400 Seiten) Buch über das theoretische Konzept der Vermittlung affektiver Lernziele mit konkreten Handlungsanleitungen, praktischen Beispielen und einem umfangreichen Literaturverzeichnis.

- »Mit dem Herzen suchen. ›Der Kleine Prinz‹ von Saint-Exupéry als Wegweiser durchs Leben«. DuMont Verlag Köln, 1998, dritte Auflage 2002.
  Ein Beispiel, wie man durch Veränderung der Einstellung mit Hilfe einer Fabel, wie sie der »Kleine Prinz« von Saint Exupéry darstellt, seine Einstellung zu seinem Leben allgemein und insbesondere zu einem schweren Schicksal verändern kann.

- Martens, Jens-Uwe und Kuhl, Julius: »Die Kunst der Selbstmotivierung. Neue Erkenntnisse der Motivationsforschung praktisch nutzen« 3. überarbeitete und erweiterte Auflage, Kohlhammer Stuttgart, 2009
  Gemeinsam mit Julius Kuhl werden die Bedeutung bestimmter, das Leben bestimmenden Einstellungen (Gestaltergrundhaltung und Opfer- bzw. Erduldergrundhaltung, oder in der Terminologie von Kuhl: Handlungs- und Lageorientierung) bzw. die Bedeutung der Motivation sowohl theoretisch als auch mit vielen praktischen Beispielen dargestellt.

- »Einstellungen erkennen, beeinflussen und nachhaltig verändern. Von der Kunst, das Leben aktiv zu gestalten« Kohlhammer Stuttgart, 2009.
  Das Konzept der Einstellungen und wie man sie an sich selbst erkennen und beeinflussen kann wird erläutert und an vielen praktischen Beispielen demonstriert.

- »Schatzkiste für graue Tage. Wie man zum Gestalter seines eigenen Lebens wird.« Buch&media München, 2010.
  Eine Sammlung von Geschichten, die eine positive, aufbauende »Moral« haben und die der Autor häufig beim Coaching und in Seminaren einsetzt. Die Geschichten werden durch kurze Interpretationsvorschläge, Zitate und Illustrationen der Künstlerin Don ergänzt.

2. Ausgewählte Fachaufsätze:

- »Experimentelle Ergebnisse der Forschungsstudie im Auftrag der VW-Stiftung: Gestaltpsychologie in der Programmierten Unterweisung« 1968 (unveröffentlichter Forschungsbericht).
  Eine vergleichende Studie an 458 Studenten, die unterschiedliche Versionen einer Programmierten Unterweisung durchgearbeitet haben. Der erste Versuch, ein lernpsychologisch- pädagogisches Konzept in die Praxis umzusetzen und den Erfolg zu überprüfen.

- »Theorie und Praxis der Programmierten Unterweisung«
  In: Jahrbuch für Wissenschaft, Ausbildung, Schule WAS '71, Deutscher Studienverlag Frankfurt 1971, S. 88 – 109.
  Die Programmierte Unterweisung als Möglichkeit die Erkenntnisse der kognitiven Gestaltpsychologie in die Praxis umzusetzen.

- »Empirische Erprobung ›objektivierter Lehrsysteme‹«
  In: Evaluation in der beruflichen Aus- und Weiterbildung, herausgegeben von Hermann Will, Adolf Winteler und Andreas Krapp, Sauer Verlag Heidelberg, 1987, S. 89 – 108.
  Der Versuch einer systematischen Erfolgskontrolle eines objektivierten Lehrsystems (Projekt entwickelt für die Allianz-Versicherung, bei dem affektive Lernziele im Mittelpunkt standen).

- »Erfolgskontrolle bei komplexen Lehrsystemen«
  In: Weiterbildung und Management. Planung, Praxis, Methoden, Medien herausgegeben von Rolf G. Lehmann im Verlag Moderne Industrie, 1994, S. 267 – 274.

- »Didaktische Möglichkeiten und Grenzen von Multimediaprogrammen«
  In: HMD – Praxis der Wirtschaftsinformatik. Heft 205 Februar 1999, 36. Jahrgang Hüthig Verlag S. 43 – 53.

- »Psychologie der virtuellen Gruppe« (zusammen mit Klaus Götz)
  In: Elektronische Medien als Managementinstrument herausgegeben von Klaus Götz und Jens-Uwe Martens, Rainer Hampp Verlag München und Mering, 2000, S. 103 – 128.
  Ein Beitrag zu Vermittlung von Lernzielen aus dem Bereich des sozialen Lernens durch elektronische Medien.

- »Der Persönliche Berater – Förderung erfolgsbestimmender Einstellungen«
  In: E-Learning. Einsatzkonzepte und Erfolgsfaktoren des Lernens mit interaktiven Medien herausgegeben von U. Dittler im Oldenbourg Verlag München Wien, 2. überarbeitete und ergänzte Auflage 2003.

- »Selbstqualifizierung«
  In: Selbstverwirklichung im Arbeitsleben, herausgegeben von Günther F. Müller erschienen bei Pabst Science Publishers, Lengerich, 2003, S. 279 – 311.

- »Coaching als Hilfe zur Selbsthilfe«
  In: Praxishandbuch Coaching. Einsatzfelder, Grenzen und Chancen, herausgegeben von Stephan Teuber. Verlag Vahlen München 2005, S. 145 – 162.

Übernahme neuer Einstellungen als Konzept des Coaching bzw. Selbstcoaching.

- »Da kann man doch nichts machen!«
  In: Wege in die Zukunft Deutschlands. Neue Perspektiven für Wirtschaft und Gesellschaft herausgegeben von Jens-Uwe Martens und Rudolf Meindl Kohlhammer Verlag, 2007, S. 19 – 33.
  Die Rolle der Einstellungen bei der Überwindung einer politischen und wirtschaftlichen Krise.

3. Ausgewählte Beispiele für die praktische Anwendung des Konzeptes:

- »Spielen Sie mit?«
  Eine Broschüre in Form einer Programmierten Unterweisung, entwickelt vom Institut für wissenschaftliche Lehrmethoden, Jens-Uwe Martens im Auftrag des Bundesministeriums für Jugend, Familie und Gesundheit und der Bundeszentrale für gesundheitliche Aufklärung, Köln, 1970.
  Der erste praktische Versuch eine Programmierte Unterweisung zu entwickeln, die primär affektive Lernziele (eine positive Einstellung zum Nichtrauchen) vermittelt..

- »18 fertig los. Media-Box, das Training für junge Fahrer«.
  Herausgegeben vom Deutschen Verkehrssicherheitsrat e. V. in der Karl Thiemig AG, München 1972, entwickelt im Institut für wissenschaftliche Lehrmethoden, Jens-Uwe Martens München.
  Eine Kombination verschiedener Medien wie Schallplatte, Tests, Texte mit Aufgaben (in Anlehnung an die Programmierte Unterweisung), mit dem Ziel bei jugendlichen Führerscheinneulingen eine verantwortungsvolle Einstellung zum Autofahren zu entwickeln.

- »ALM Allianz Lehrsystem im Medienverbund«.
  Ein Trainingskonzept mit Trainerleitfaden und unterschiedlichen Medien, wie Filmen, Tonbildschauen, Programmierten Unterweisungen, Tests, Rollenspielen, Fallstudien, Gruppenübungen, Referaten und Diskussionen zur Ausbildung von Versicherungsfachmännern und -frauen der Allianz Versicherung durch das Institut für wissenschaftliche Lehrmethoden Jens-Uwe Martens in Zusammenarbeit mit ausführenden Firmen zur Entwicklung der Filme und Tonbildschauen.
  Copyright Allianz Versicherungsgesellschaften München, 1976.
  Das Programm wurde 1977 gründlich evaluiert und in diesem Zusammenhang mit dem bis dahin durchgeführten Lehrsystem verglichen. Die Ergebnisse wurden in dem »Bericht zur Vergleichsuntersuchung »altes Lehrsystem« gegenüber »Allianz Lehrsystem im Medienverbund A L M« dargestellt. Allianzintern veröffentlicht 1977.
  Das Lehrsystem wurde bis zum Jahr 2005 vom Institut für wissenschaftliche Lehrmethoden, Jens-Uwe Martens immer wieder aktualisiert und überarbei-

tet. Die Programmierten Unterweisungen wurden seit 1990 sukzessive durch umfangreiche E-Learning-Programme ersetzt.
In einem sehr umfangreichen Lehrsystem, das in der ersten (evaluierten) Phase) drei Wochen umfasste und später auf 9 – 12 Wochen erweitert wurde, konnte nachgewiesen werden, dass die Vermittlung affektiver Lernziele in einem komplexen Lehrsystem das Verhalten der Lernenden verändert und dass dadurch die Adressaten im Vergleich zu einem Lehrsystem, in dem nur kognitive Lernziele vermittelt werden, in der Praxis mehr Versicherungen verkaufen.

- »Der Persönliche Berater: Multimedia-Programm zur Vermittlung der ›Gestalter-Grundhaltung‹«, mit einer interaktiven CD-Rom und einem Begleitbuch. Gefördert durch das EU Aktionsprogramm Leonardo da Vinci. 1997
In diesem Multimediaprogramm wurde erstmals versucht, in einem interaktiven Selbstlernprogramm mit Unterstützung einer interaktiven CD-Rom eine erfolgsbestimmende Einstellung, die Gestalter- Grundhaltung zu vermitteln.
Das Programm wurde mit einer Reihe von Medaillen ausgezeichnet.
Das Programm wurde im Rahmen einer Diplomarbeit von M. Weber evaluiert: »Evaluation von multimedialen Lernprogrammen als Beitrag zur Qualitätssicherung von Weiterbildungsmaßnahmen«. Verlag Peter Lang, Frankfurt am Main, 1998.

4. Seminare, die Vermittlung des Konzeptes an Studenten und Praktikern (Multiplikatoren):

- Das Konzept der Vermittlung affektiver Lernziele wurde in einem Lehrauftrag für die LMU vermittelt: 1973 – 1979 Lehrbeauftragter für Mediendidaktik am Institut für Pädagogik II und ab 1991 als Lehrbeauftragter am Institut für empirische Pädagogik und pädagogische Psychologie der Universität München (Prof. Dr. Mandl und Prof. Dr. Fischer).
- In einer Reihe von Seminaren für Allianztrainer wurde das Konzept des ALM vermittelt und trainiert, bei dem die Vermittlung affektiver Lernziele im Mittelpunkt stand.
- In öffentlichen Seminaren wurde das Konzept des Medienverbundes und der Vermittlung affektiver Lernziele viele Jahre einem breiten Publikum, vor allem an Trainer vermittelt.
- Seit 2007 hält der Autor auch Seminare für die Universität der Bundeswehr.